PM 입문

PM 입문

프로덕트 기획을 위한
UX적 발상법과
사내외 커뮤니케이션

무라이 타츠오 지음
강모희 옮김

유엑스리뷰

머리말

지금 세상은 큰 변화를 겪고 있다. '일하는 방식의 혁명'을 부르짖으며 동시에 '생산성'도 요구한다. 그리고 기술의 진화와 코로나 사태를 거치며 시장의 가치관 또한 크게 바뀌었다. 이에 따라 신제품을 개발하거나 신사업을 추진할 때 혁신을 추구하는 상황이 점점 늘고 있다. 그런 와중이니 디자인 씽킹(Design Thinking, 디자인 사고)과 UX(User Experience, 사용자 경험) 디자인 세미나 관련 교육 프로그램에 관심이 집중되는 것도 당연할지 모른다. 미국을 발상지로 하는 디자인 씽킹과 UX 디자인이라는 사고법은 이미 오래전에 일본에도 전해진 바 있고, 그 자체는 괜찮다고 생각한다.

하지만 솔직히 말해서 디자이너로서 '디자인 씽킹'과 'UX 디자인'을 의식하면서 제품 개발을 한 것은 결코 아니다. 필자가 입사했던 시기에는 그런 단어조차 없었기 때문이다. 그렇다고 제품을 만들 때 고객에 대해 전혀 고려하지 않은 것은 아니다. '에스노그라피 조사Ethnography (디자인, 마케팅 등의 분야에서 어떤 목적을 가지고 정답에 가까워지기 위하여 사용자(소비자)를 관찰하고 기록하는 정성적 리서치 방법의 하나-역주)'에 대한 개념조차 없었던 시절이지만, 시장 조사를 게을리한 적은 없으며 고객에 대한 관찰 또한 충실히 수행했다. 물론 지금처럼 체계적인 방법론은 존재하지 않았기 때문에 나름의 사고법과 방식으로 조사 및 관찰을 진행했지만, 잘못한 적은 없다고 자부한다.

어떤 공공장소에 배치할 제품의 디자인을 담당했을 때의 일이다. 필자는 현장에 직접 찾아가 반나절 동안 고객을 관찰하였다. 카운터 안에 있던 직원과 지긋한 노인이 카운터 너머로 이야기를 주고받는 것을 보았는데, 카운터가 높아서 노인이 까치발을 하고 몸을 안쪽으로 기울이고 있었다. 그때 '카운터를 조금만 낮춰도 더 원활한 소통이 가능할 텐데'라고 생각했던 것을 여전히 기억한다.

당시 담당했던 제품은 카운터 안에서 직원이 사용하는 기기였다. 따라서 직원의 동작에 초점을 맞춰 가능한 불필요한 움직임이 없도록 하는 디자인을 고안하였는데, 추가로 '카운터 높이를 낮추면 어떨까'라는 제안을 했더니 발주처에서 놀라워했던 적이 있다. 디자인과 디자이너라고 하면 기기 등의 색이나 형태만 만든다고 생각하던 시대라, "다자이너의 업무가 색과 형태만 고민하는 것이 아니군요."라는 말을 들었다.

작금은 '디자인 씽킹'이나 'UX 디자인'이라는 개념이 많은 사람들 사이에서 회자하고 있다. 그러나 우리 디자이너들은 이러한 상황을 지켜보면서 "그거 이미 예전부터 했던 건데..."라고 소곤거리곤 했다. 지금이야 당연하게 말하지만, 당시에 사뭇 특별한 방법이라는 듯이 말하는 사람을 보고 어안이 벙벙해진 적이 있다. 필자는 그런 사람을 '배운 거지'라고 부른다. 배우기 위해 비싼 돈을 내고도 결국 가난해질 뿐이며, 애잔해진다. 디자인 씽킹과 UX 디자인의 사고방식이나 방법에 대해 부정할 생각은 없다. 오히려 좋다고 생각한다. 다만 "이것은 결코 특별한 사고방식이 아니다"라고 말하고 싶다. 우리 주위에서 가까이 접할 수 있는 관점이며 조금 시야를 달리하는 것만으로도 보이지 않던 것이 보이게 된다는 것을 전하고 싶어서 이 책을 집필했다.

이 책을 통해 관찰에서 제품 개발, 나아가 커뮤니케이션, 그리고 제품과 서비스를 만들어 출시할 때까지의 일련 과정을 알기 쉽게 설명했다. 독자의 이해를 돕기 위해 가상의 제품을 개발하는 흐름에 맞추어 기술하였다. 그리고 디자이너로서의 주특기를 살려 직접 그린 그림도 듬뿍 삽입했다. 필자는 32년간 디자이너로서 제품 개발 업무에 종사한 것 이외에도 홍보부서에서 고객 소통 관련 업무도 경험한 바 있다. 이를 통해 얻은 지혜나 경험 또한 책에 담았다.

이 책에는 조금 어려운 표현도 있을지 모르지만 단어를 암기할 필요는 없다. 현재 제품 개발로 고민 중인 직장인 여러분이나 앞으로 제품·서비스 개발의 세계에 뛰어들고자 하는 학생 여러분이 이해하기 쉽게, 학술적인 내용을 피하고 실제 업무 속에서 디자인 씽킹과 UX 관점을 어떻게 활용할 수 있는지 구체적으로 상상할 수 있도록 하였다. 나와 함께 세상을 관찰하고 아이디어를 도출하여 제품화한다는 마음으로 즐겁게 읽고 뭔가 하나라도 여러분의 '깨달음'이 될 수 있기를 바란다.

무라이 타츠오

차례

PART 3 PM 업무를 위한 커뮤니케이션

PART 1

프로덕트 개발을
위한 기초

1장

프로덕트 기획을 성공으로 이끄는 마음가짐

디자인 씽킹은 수단 중 하나일 뿐이라고 생각한다

디자인 씽킹을 '신규 제품 및 서비스 개발에 필요한 기술'이라고 단정하면 '절차와 기법을 습득해야 한다'라고 의식하기 마련이다. 하지만 디자인 씽킹을 활용하지 못한다고 해서 좋은 아이디어를 내지 못하는 것은 아니다. 한편, 사내 의견 조정 및 통상적인 사무작업을 위한 자료 작성, 송년회 기획 등을 궁리할 때도 디자인 씽킹을 활용할 수 있다. 말하자면 디자인 씽킹이란 것은 업무에 활용할 수 있는 '도구 중 하나일 뿐'이라고 생각하는 게 좋다. 그런데 대부분의 현장에서 "디자인 씽킹은 절차와 기법의 습득이 중요하며 이를 지키지 않으면 안 돼"라거나 "절차와 기법에 따라 진행하면 좋은 아이디어에 도달하게 된다"는 식의 편견을 가진 경우가 많다. 그 결과 '디자인 씽킹은 실무에서 쓸모없다'라고 생각하게 된 사람도 많다고 한다.

프로젝트의 규모에 따라
유연하게 구분하여 활용한다

기업인 또는 현장에서 일을 하는 사람에게 디자인 씽킹을 생업으로
삼고 있는 컨설턴트가 제시하는 개발 일정은 '너무 오래 걸린다'라는
인상을 주기 마련이다. 그렇기 때문에 실제로 현장에서 일하는 사람
의 반감을 사는 경우도 왕왕 있다. 예를 들어 예산 규모가 수백억 엔
정도 하는 큰 안건이라면 모를까, 수억 또는 수천만 엔 규모의 안건
에 1년씩이나 걸쳐 디자인 씽킹 절차를 수행하는 건 '비현실적'이라
고 할 수밖에 없다. 특히, 가전제품 등의 소비재 제품은 반년 주기로
신제품을 출시해야 한다는 현실적 제약도 있어서, 통상적으로 그렇
게 시간을 들이기 어렵다.

담당자 자신이 '내 일'이라고
생각하는 자세를 갖는다

필자가 예전에 소속했던 디자인 본부에서 퍼실리테이터(진행촉진자-
역주)를 맡아 관계자들을 모아 아이디어 도출 회의를 진행했을 때, 참
가자들로부터 "왜 돈을 내는 우리가 아이디어를 내야 하나"라는 의

견이 나온 적이 있다. 이 말을 들었을 때, 해당 부서 사람이 아닌 '외부인'이 퍼실리테이션(소통 및 협력 촉진을 위한 합의 과정-역주)을 진행할 때는 함께 고민하는 것이 의미하는 바를 설명하고 목표 설정을 하는 것이 중요하다는 것을 깨달았다. 돈을 내고 있다는 이유로 아이디어 도출에 참가하지 않으면 양질의 결과가 나올 수 없다. 따라서 발주처에 속하는 사람들도 디자인 씽킹 기술을 갖추는 것이 중요하다. 이때 중요한 것은 '방법과 형식의 습득'이 아니다. 무엇보다도 '본인의 실감'이 중요하며, 디자인 씽킹을 유연하게 그리고 임기응변으로 능숙하게 활용하는 기술이 필요한 것이다.

고객을 기점으로 생각하는 데 효과적인 UX 관점

UX(User Experience: 사용자 경험) 관점 또한 개발 업무에 도움이 된다. 개발 업무에서는 상대방에게 '경탄과 감동을 전하는' 것이 매우 중요하기 때문이다. 알기 쉽게 예를 들어 여러분이 송년회 기획을 담당했다고 가정하자. 이때, 여러분은 참가자들의 얼굴을 떠올리고 모두가 기뻐할 만한 기획을 세우겠다고 다짐할 것이다. 예컨대 사케를 좋아하는 사람이 많다면 희귀한 브랜드의 사케를 팔고 있는 가게나 양조점을 생각할지도 모르고, 참가자 중 절반이 별로 술이 세지 않은 여성이라면 분위기가 좋고 요리나 디저트 평판이 좋으며 음료수가 다수 마련되어 있는 가게를 고를 것이다. 그리고 팀 성과를 축하하는 모임이라면 깜짝 기획을 마련하여 기념할 만한 이벤트를 준비할지도 모른다. 즉, 참가한 사람들이 '기쁘다, 즐겁다, 좋았다!'라고 느끼고 동시에 기억이나 인상에 남을 수 있도록 자신의 상상력과 발상력을 총동원하여 참가자들의 마음을 생각하여 기획을 수립할 것이다. 바로 이것이 디자인 씽킹이며 사용자 경험 관점이다.

POINT 1

⇒ 디자인 씽킹과 UX(사용자 경험)는 '어떻게 하면 고객을 기쁘게 할 수 있을까'에 대해 생각하기 위한 도구이자 관점이다.

⇒ 발주하는 입장에서도 '내 일'이란 생각으로 참여하며, 본인이 실감한 디자인 씽킹 기술을 유연하게 활용할 수 있어야 한다.

User Experience
사용자 경험의 가치

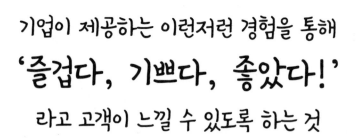

▼

기업이 제공하는 이런저런 경험을 통해
'즐겁다, 기쁘다, 좋았다!'
라고 고객이 느낄 수 있도록 하는 것

2장

사용자의 기대치를 넘어서는 UX 관점

UX(사용자 경험)는 미국에서 생긴 개념이지만, 이 말이 제창되기 전부터 미국의 자동차 회사인 포드 모터스^{Ford Motors}의 창립자 헨리 포드 ^{Henry Ford}는 성공의 비결과 관련해 다음과 같은 말을 남긴 바 있다.

> *"If there is any secret of success, it lies in the ability to get the other person's point of view and see things from that person's angle, as well as from your own."*
>
> 출처 : *Brain Quotes*

번역을 해보면 "만약 '성공의 비결'이라는 것이 존재한다면, 그것은 타인의 입장을 이해하고 자신의 입장과 동시에 타인의 관점에서 사물을 볼 수 있는 능력이다"라는 말이다.

[그림 1-1] 기대 이상을 제공해야 고객이 만족한다

사용자 경험(UX)을 그림으로 표현하면, [그림1-1]과 같은 형태가 된다. 고객을 비롯한 기업의 모든 이해관계자는 어떤 일정 수준의 기대 가치를 갖고 있다. 그림 속의 보라색 선 안쪽 부분이 이에 해당한다. 제품이나 서비스를 구입하면서 '분명 이 정도의 가치(기능과 서비스의 질)는 제공해 주겠지'라고 예상하기 때문에, 보라색 선까지의 가치를 제공하더라도 이는 예상 범위 내에 있는 가치이기 때문에 '당연한 것'이 된다. 그런데 만약 보라색 선에도 미치지 못하는 수준의 가치만 제공하였다면 '불만'과 '기대 이하'라는 평가를 받게 될 것이다.

고객이 무엇을 추구하고 기대하고 있는지 탐구하여 그 기대치를 사용자 경험(UX) 관점에서 생각했을 때 고객이나 이해관계자가 무엇을 추구하고 기대하고 있는지 탐구할 수 있다. 그리고 그 기대치를 넘어설 수 있는 예상외의 가치를 제공해야 비로소 상대방에게 경탄과 감동을 줄 수 있으며 그것이 '고객 만족'으로도 이어질 수 있다. 즉, 상대방이 나에게 어떤 것을 기대하고 있는지와 어떤 것을 원하는지를 상대방의 입장에서 생각해야 한다. 상대방의 입장에서 사물을 고찰하고 예상되는 기대치를 넘어서야 경탄과 감동으로 이어진다는 것에 대해서는 독자들도 경험한 적 있을 것이라 생각한다.

POINT 2

⇒ 고객의 '기대 가치를 넘어서기 위해' UX(사용자 경험) 관점에서 고객을 생각한다.

3장

프로덕트 개발을 위한 디자인 씽킹 프로세스

일본의 경제산업성과 특허청은 2018년에 '디자인 경영'을 선언하며, 기업의 경영에 디자인적 발상을 도입하는 것이 중요하다고 제언하였다. 이는 '디자인 씽킹'을 기업 경영 및 사업 활동에 적용하겠다는 뜻이다.

'디자인 경영'이란 기업 가치 향상을 위한 중요한 경영 자원으로서 디자인을 활용한다는 것을 의미한다. 이는 디자인을 통해 '브랜드 파워'와 '혁신 역량'을 증대하는 경영 형태를 일컫는다. 애플, 다이슨, 무지MUJI, 마츠다, 메루카리, 에어비앤비Airbnb 등의 BtoC 기업뿐 아니라 쓰리엠3M과 IBM 같은 BtoB 기업 또한 디자인을 기업의 핵심 경영 전략으로 삼고 있으며 '디자인 경영' 실천 및 성공 기업이라고 할 수 있다. 여기서 '디자인 경영'의 필수 조건은 2가지이다.

① 경영부서에 디자인 책임자가 있어야 함

② 사업 전략을 구축할 때 가장 초기 과정에서부터 디자인을 고려해야 함

경제산업성과 특허청은 디자인 책임자에 대해서 다음과 같이 설명했다.

> 디자인 책임자는 제품·서비스·사업이 고객을 기점으로 생각되었는지와 브랜드 형성에 기여할지 여부를 판단하며, 이에 필요한 업무 프로세스의 변경을 구체적으로 구상할 수 있는 능력을 갖춘 사람을 말한다.
>
> 출처: 경제산업성·특허청 산업경쟁력 및 디자인을 고민하는 연구회 '디자인 경영' 선언, 2018년 5월 23일

'디자인'이라고 하면 색이나 모양을 구체화하는 것이라고 여기는 사람이 많지만, 광의의 개념으로 볼 때 '창의적 사고를 통해 사용자의 생각을 이해하고 경영에 적용하는 것'이라고 정의할 수 있다. 이를 통해 브랜드 경쟁력을 높이고 새로운 시장을 개척하는 것이다.

익숙한 사람도 있을지 모르나, 일반적인 디자인 씽킹 프로세스를 그림으로 나타내면 다음 페이지 [그림 1-2]와 같다. 디자인 씽킹 프로세스의 각 단계에 대해서 간략하게 설명해 보겠다.

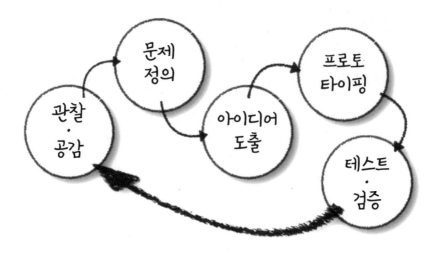

[그림 1-2] 디자인 씽킹 프로세스

디자인 씽킹 프로세스

1단계: 관찰 및 공감

'관찰 및 공감' 단계에서는 글로벌 동향 파악 및 '현재 드러나 있는 수요(설문 및 시장 조사를 통해 사용자 자신이 언어로 표현한 요구 사항 등)'와 '잠재적인 수요(언어나 수치로 나타나지 않고 사용자 자신이 인식하지 못하고 있는 요구 사항)'를 파악하여 분석한다. 이때 사용자 자신도 눈치채지 못한 잠재적인 수요를 발견해야 한다. 이것은 관찰을 통하여 찾아낼 수 있다. 구체적인 방법은 6장에서 소개하겠다(47페이지 참고). 즉, 사용자가 '왜 그것을 필요로 하는지'와 '왜 그렇게 하는지'를 이해하고 '그렇구나, 알겠어' 하고 사용자의 입장을 공감해야 한다. 이는 잠재적인 수요를 발견하기 위한 단서가 된다.

2단계: 문제 정의

'문제 정의'는 관찰과 공감으로부터 발견한 여러 현상을 통해 '본질
적인 문제(해결해야 할 과제)'를 정의하는 단계이다. 스마트폰 조작을
예로 들자면, 슬립 상태일 때와 조작 중일 때 전화를 수신하기 위한
조작 방식이 각각 다르다. 슬립 상태인 경우 통화 버튼을 슬라이드하
여 전화를 받으며, 조작 중일 때는 녹색과 적색 버튼이 나타나고 녹
색 버튼을 눌러 전화를 받는다. 스마트폰 사용에 익숙한 사람은 슬라
이드를 해야 할지 눌러야 할지 버튼 표시 디자인만 봐도 판단할 수
있지만, 익숙하지 않은 노인 등은 이용 상황에 따라 바뀌는 버튼 표
시에 당황하여 전화를 받지 못하는 문제도 있다고 한다. 이는 스마트
폰 조작에서 해결해야 하는 '본질적인 문제'인 것이다.

3단계: 아이디어 도출

'무엇이 문제인지' 정의한 후 그 문제를 해결하기 위한 '아이디어 도
출'을 진행한다. 고객이 '써보고 싶다, 갖고 싶다'라고 생각할 만한 아
이디어를 내는 것이다. 조금 전에 언급한 스마트폰 조작 관련 문제
를 해결하기 위한 아이디어 도출을 진행한다고 할 때, 우선 스마트폰
으로 전화를 받지 못하는 사람에게 중요한 문제가 무엇인지를 파악
한다. 만약 이용 상황에 따라 전화를 받는 방식이 바뀌는 것이 문제
라면 이를 해결할 방법을 제시하도록 한다. 하지만 슬립 상태일 때도

눌러서 전화를 받을 수 있게 하면 실수로 잘못 만졌는데 전화가 연결되는 문제가 발생할 수 있다. 일시적으로 장애를 회피하는 것이 아니라 사용자 입장에서 문제를 해결하는 방법을 찾아야 한다.

4단계: 프로토타이핑Prototyping

새로운 아이디어를 제안할 때, 장점과 단점 등을 다각도로 살펴봐야 한다. 이를 위해서는 반드시 '형태로 만들고 검증해 보는 단계'가 중요하며, 이를 '프로토타이핑'이라고 한다. 프로토타입의 경우, 프로그램을 짜거나 정교하게 만들 필요는 없다. 어느 정도의 조작성을 테스트해 볼 수 있는 정도면 충분하다. 가능하면 이른 시점에 프로토타입을 만들어 보는 것이 중요하다.

5단계: 테스트

프로토타입이 만들어졌다면, 다음 단계는 '테스트'이다. 피험자를 섭외하여 프로토타입을 사용해 보게 하고 과제를 내는 것이다. "전화가 걸려왔습니다. 받아보세요."라고 하는 식이다. 이때 피험자가 어떤 부분에서 주저하거나 헤매는지 관찰한다. 해당 부분을 찾아 그 원인을 파악하여 개선을 진행한다. 이 흐름을 반복하면서 더 좋은 제품을 완성해 나가는 것이다.

디자인 씽킹 프로세스는 이와 같지만, 사내에서 완결시키는 경우와 사외 디자인 회사에 외주를 주는 경우가 있다. 사내에 디자인 부서가 있다면 주요 사업부에서 디자인 부서로 요청하는 형태로 진행될 것이다. 사내에 전문 부서가 없는 중소기업 등에서는 사외 디자인 회사에 요청하는 경우가 많다.

POINT 3

⇒ 디자인 씽킹의 '흐름'을 이해하고 각 과정의 의미와 목적을 인지하여 아이디어를 도출하고 검증해 본다.

4장

프로덕트 개발을 위해 알아야 하는 것들

개발 업무를 할 때는 '내 일'이라 생각하고 참여한다

사내와 사외를 막론하고, 발주처의 태도에 따라 주의해야 할 부분이 크게 달라진다.

여러분이 발주처 담당자일 경우, '내 일'이라고 생각하는 태도가 필요하다. 해결하고자 하는 문제에 대해서 '수주처와 함께 고민하고 싶다'는 의지가 강한 발주처 담당자는 안건 전달만 하고 끝내지 않는다. 각각 다른 입장에서 여러 관점을 도입하면 새로운 발견이 있을 수 있고, 생각지 못한 가치를 창출할 수 있다는 것을 알기 때문이다. 그들은 자신의 생각과 외부의 관점이 충돌하게 되면 상승효과를 얻을 수 있다는 것을 알고 있기 때문에 수주처를 '파트너'로 여긴다.

그럼에도 발주처 담당자가 안건 전달만 하는 경우가 많은 이유는 '우리가 돈을 지불하니까 결과물은 수주처에서 만들어야 한다'라고 생각하고 사외에 의존하기 때문이다. 유감스럽게도 이러한 이유로 자신의 생각이나 의견을 제시하지 않은 채 안건만 전달하는 경우를 많이 목격했다.

사내 디자인 부서에 의뢰할 때는 그대로 안건만 떠넘기면 문제가 불거질 경우가 많아서 어느 정도 배려를 하려고 하지만, 발주처와 수주처라는 명확한 입장이 있는 외주 안건일 때는 자신의 의견이나 생각이 없는 담당자들이 그저 안건만 전하고 끝내기 십상이다.

발주처 담당자가 '자신의 생각과 의견을 정리하여, 하고자 하는 것을 명확히 정의하고 어느 정도 가설을 세운다'라는 생각을 하고 발주를 해야 '좋은 결과'를 얻을 수 있다. 여기서 좋은 결과는 '좋은 아이디어를 도출하여 제품 및 서비스 개발로 이어지는 것'을 말한다. 자신의 의지를 명확히 하고 수주처와 함께 기탄없는 토론을 해야 신뢰가 생기고 좋은 결과가 나올 수 있는 것이다.

수주하는 측의 자세 또한 매우 중요하다. 발주처 쪽이 발주 기업의 고객(BtoC라면 최종 사용자, BtoB 하청 업체라면 대형 발주회사 등)의 이해관계자들과 접할 기회가 많고 업계에 정통한 경우가 많다. 이때 수주처 담당자에게 중요한 것이 '발주처의 핵심을 끌어내는 능력'이다. 수주처 담당자는 사전에 발주처의 업계 상황을 파악해 둘 필요가 있다. 특히 BtoB 안건일 경우 상대 기업의 현재 입장을 이해해야 한다. 발주처들은 다년간 해당 업계에서 사업을 해왔기 때문에 표면화되어 있지 않은 현상에 대해서도 파악하고 있는 경우가 많다. 따라서 발주처 담당자로부터 핵심 문제나 과제(무엇을 해결하고자 하는가)를 끌어낼 수 있어야 한다. 이를 위해 수주처는 발주처와 논의할 때 '시각화(칠판에 그리는 등)'를 해야 한다. 발주처 앞에서 시각화를 하면 그 자리에서 바로 합의 및 수정이 가능하므로 이 과정은 매우 중요하다.

최종 사용자의 인사이트를 파악한다

시장 동향이나 다양한 정보를 통해 사용자 이미지를 추출해야 하며, 이를 위해 리서치 업체를 활용하는 경우도 있다. 이때 '사용자 인사이트(사람을 움직이는 숨겨진 심리)'를 인식하고 있는지가 중요하다. 사람의 표면만 보고 있으면 그 본질을 간파할 수 없다.

[그림 1-3] 숨겨진 심리

인사이트(그 사람의 행동을 좌우하는 숨겨진 심리)를 파악해야 고객에게
직접 와닿는 제안을 할 수 있다. [그림 1-3]을 보면 알 수 있듯이 인
간은 자신의 현재 입장이나 그 당시의 상황에 따라 변화하는 다양한
'마음'을 갖고 있다.

프라이드를 뜻하는 자존심과 배움을 향한 열정인 향학심, 유명해
지고 싶다는 공명심이 그 예이다. 부끄럽다고 생각하는 수치심도 존
재한다. [그림 1-3]에 나타난 심리는 일부에 불과하며, 이런저런 심리
가 교차하면서 그 사람의 행동을 결정하는 것이다. 하지만 표면만 보
고서는 그 사람이 정말로 좋아할 만한 제안은 할 수 없다. 아래 [그림
1-4]는 붐비는 전철에서 스마트폰을 조작하는 사람에 대한 인사이트
분석을 진행한 것이다.

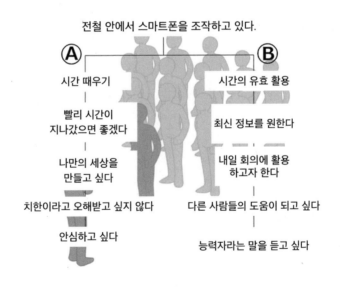

[그림1-4] 행동의 이면에 숨겨진 심리를 제대로 분석하지 않으면 엉뚱한 제안이 될 뿐

그림 속 Ⓐ와 Ⓑ의 인사이트를 살펴보자. Ⓐ는 스마트폰에 정신이 팔린 사람이라기보다 빽빽한 전철이 싫고 빨리 시간이 지나가길 바라며, 치한이라고 오해받고 싶지 않은 사람이다. 이에 반해 Ⓑ는 그 시간을 활용하여 회사에서 필요한 정보를 미리 물색하여 다음 날 있을 회의에 써먹고자 하는 사람이다. 나아가 상사 등으로부터 능력자라는 말을 듣고 싶어 한다. 그럼 스마트폰 외에 이 사람들이 좋아할 만한 것을 제안해 보자라는 주제가 제시되었다고 한다면 어떻게 해야 할까?

Ⓐ는 만화책이나 소설을 주면 좋아할지 모르지만, Ⓑ는 방해하지 말라며 화를 낼 수도 있다. Ⓐ와 Ⓑ 모두 동일하게 스마트폰을 조작하는 상황이지만 필요로 하는 것이 다르기 때문이다. 따라서 사용자의 인사이트를 제대로 파악하지 않는다면 그 제안은 어긋나기 마련이다. 물론 사용자의 인사이트를 고려하지 않고 도출한 아이디어도 처음에는 좋아 보일 수 있다. 하지만 그 아이디어를 실제 대상 고객의 인사이트와 비추어 봤을 때 '정말 이걸 원한다고?'라는 의문을 제기하는 사람이 많이 나올 것이다.

현장에서 디자인 씽킹을 활용하는 법

방법론보다 중요한 것은 직감이다

디자인 씽킹과 발상 기법에 대해 교육을 하는 기업 연수에서는 '방법론'을 가르치는 경우가 많다. 그러나 중요한 것은 '방법론' 습득이 아니라 '디자인 씽킹이나 발상 기법을 도구로써 활용하면 된다는 인식'을 체득하는 것이다. '방법'을 너무 중시하다가 오히려 유연한 발상이 저해되는 사례를 많이 보았다. 발상 기법의 방법론에 기초하여 교육을 진행하게 되면 주제나 과제를 꼼꼼하게 고찰할 수는 있다. 그러나 강사나 퍼실리테이터가 "해당 프레임워크Framework의 공백 부분을 채워주세요"라고 지시했을 때 이를 메우는 것에만 전념한 나머지 그걸로 끝이라고 생각하는 사람이 많다는 단점이 있다.

예를 들어 목욕할 때나 별생각 없이 걷고 있을 때 문득 '좋은 아이디어'가 떠올랐다고 하자. 그러나 이것은 포스트잇에 적어서 붙인 다음에 여러 명이 회의를 하여 나온 결론이 아니니까 '어차피 꽝이겠지'라고 생각하고 버리는 사람도 많을 것이다. 하지만 좋은 아이디어에는 '직감'이 매우 중요하며, 방법에 구애받지 않고 갑자기 툭 튀어나올 수도 있다고 생각한다. 그래서 필자가 신규 사업 창출 프로젝트 등의 퍼실리테이션을 진행할 때는 '방법이 무조건 우선'이라는 전제로 진행하지 않는다. 참가자의 직감을 믿기 때문에 어느 정도는 자유로운 토론이 가능한 시간과 분위기를 만들어 나가려 한다.

프레임워크는 어디까지나 도구에 불과

예컨대 비즈니스를 위한 프레임워크 중에서 마케팅 현장에서 자주 활용되는 기본적인 분석 방법 중 하나로, 필립 코틀러Philip Kotler가 제창한 PEST 분석이라는 것이 있다.

PEST 분석

P: Politics	E: Economy
법률 정치 세금제도 기타	경기동향 경제성장 물가 소비동향 기타
S: Society	T: Technology
유행 교육 인구 종교 기타	IT 신기술 인프라 기타

[그림 1-5] PEST 분석 프레임워크

전 세계의 동향을 살펴볼 때, 정치(Politics), 경제(Economy)의 움직임, 경제 동향과 사회(Society)가 직면한 문제 및 금후의 움직임, 여러 가지 기술(Technology) 동향을 보는 것은 아주 좋은 방법이라고 생각한다. 참가자에게 PEST 관점에서 정보를 수집하도록 하고, 향후 5년에서 10년 사이에 사회와 일상이 어떤 식으로 변화할지 토론을 진행한다고 하자. 이때 참가자들이 사전에 수집한 정보는 이미 세상에서 벌어지고 있는 현상 혹은 공개된 사실이다. 따라서 이러한 정보를 참고하여 '이 세상은 이와 같은 사실들로 인해 변화하므로 아마도 앞으로는 이렇게 될 것이다'라는 식으로 말할 수 있어야 한다.

이를 위해서는 직감적 상상력이 필요하며, 이는 PEST 분석의 표만 메꿔봤자 나오지 않는다. 연수나 프로젝트에 퍼실리테이터가 있으면 진행 상황에 맞추어 참가자들이 직감적 상상력을 발휘할 수 있도록 유도한다. 참가자들이 잘못된 방향으로 가고 있을 때 멘토로서 조언도 해준다. 하지만 막상 내부 직원들끼리 토론을 할 때는 그동안 배운 '방법'에 사로잡혀 새로운 아이디어를 도출하려고 해도 잘되지 않는다. 이것이 '디자인 씽킹은 실제로는 쓸모가 없다'라는 편견으로 이어지는 원인이라고 생각한다.

함께 고민하는 것이 성공의 지름길

신규 개발 업무를 할 때는 '연구 요청'이라는 형태로 디자인 부서에 발주하는 경우가 있다. 주 사업부(개발 부문)가 디자인 부서에 연구비를 지불하는 식으로 진행되기 때문에 디자인 부서 입장에서 주 사업부는 고객과 마찬가지이다. 그러한 관계성으로 인해 주 사업부에서 "이때까지는 아이디어를 내줘야 한다."라고 하면서 디자인 부서에 전부 떠넘기는 경우도 많다.

그런데 10년 정도 전부터는 디자인 부서가 주도하는 퍼실리테이션을 통해 주 사업부의 인원들도 함께 아이디어를 고민하는 게 일반적인 경우로 바뀌었다. 그랬더니 "왜 우리가 돈을 내는데 아이디어까지 고민해야 하나"라는 불만이 터져 나왔다. 그래서 디자인 부서들은 함께 생각하는 분위기가 '좋은 결과'를 만들어 내는 데 중요한 역할을 한다는 사실을 알리며 주 사업부의 인식을 바꾸는 데 주력하였다.

외부 컨설팅 회사가 관여하는 경우라고 해도 '함께 아이디어를 고민하려고 하는' 자세는 상호 신뢰를 구축하는 데 중요한 요소라고 생각한다. 솔직히 말해서 디자이너와 외부 컨설팅 회사는 해당 프로젝트가 실패하더라도 큰 책임을 지지 않지만, 주 사업부는 막대한 책임과 중압감을 가지고 프로젝트에 임해야 하기 때문에 적극적으로 나설 필요가 있다는 것은 당연한 얘기이다. 그러나 그렇지 않은 사례가 많다는 점이 심히 유감스러우며 안타까운 일이라고 생각한다.

프로젝트 리더의 역할

실제로 프로젝트를 진행할 때는 프로젝트 리더가 필요하다. 여기서 프로젝트 리더가 갖추어야 할 본질적이고 중요한 역량이 무엇인지 생각해 보자.

커뮤니케이션 능력과 인품

우선 중요한 것은 커뮤니케이션 능력이다. 참가하는 인원들이 즐겁고 기분 좋게 일할 수 있도록 분위기를 조성할 수 있는지 여부는 프로젝트를 성공으로 이끌기 위해 매우 중요한 요인이 된다.

BtoB의 경우, '고객(발주처)의 반응이 좋은지'가 큰 영향을 미친다. 고객은 앞으로 함께 일할 사람을 선정할 때 '이 사람과 함께 일하고 싶다'라는 생각이 드는지를 중시한다. 실제 발주처(입찰 개최 기업) 입장에서 볼 때 응찰 회사들의 제안 내용이 도토리 키재기인 경우에는 "최후의 결정 요인은 프로젝트 리더의 인품이다"라는 이야기를 들은 적이 있다.

프로젝트 리더는 경청하는 능력 또한 중요하다. 부하 직원이나 참여 인원들의 의견에 귀를 기울이지 않는 사람 또는 듣는 것처럼 보이는데 자신과 다른 의견에 대해 정면에서 반박하는 사람이 리더라면 하고 싶은 말을 할 수 없게 된다. 그렇게 되면 프로젝트 자체에 좋은 영향을 줄 리가 없다.

일정 관리

다음으로 프로젝트 리더에게 필요한 능력은 일정 관리이다. 프로젝트 전체의 일정 수립뿐만 아니라 진행 중인 프로젝트에 대한 진척 관리가 잘 되는지 또한 중요하다. 팀을 이끄는 '리딩(Leading)'의 의미에서 보면, 팀 리더의 역량이 크게 작용한다. 팀 리더는 하나의 테마에 대한 전체 계획, 진행을 담당하는 리더를 말하며, 프로젝트의 경우 PL(프로젝트 리더, Project Leader)'이라고도 한다. 제안 활동 등에서는 PM(프로젝트 매니저, Project Manager)이라고 하는 경우가 많다.

팀 리더에게는 목표를 설정하고, 프로세스(일정)를 계획하고, 구성원의 역할을 정의하여 지시를 내리는 등의 능력이 요구된다. 그러나 실제로는 이런 것들이 애매한 상태로 진행되는 경우가 많다. 이때 중요한 것이 마일스톤Milestone 및 페이즈 게이트Phase gate의 설정 및 명확화이다.

'마일스톤'이란 원래 도로 가장자리에 중간 목표를 가리키기 위해 놓았던 표석이 그 어원으로 '프로젝트의 중간 목표(진척도 기준)'를 나타내는 표현으로 널리 사용된다. 실제 프로젝트에서는 사전에 설정해 둔 마일스톤 일정과 대조하여 지연 여부를 파악하는 지표로써 활용한다.

이와 비슷한 의미로 보이지만 실은 다른 것이 '페이즈 게이트'이다. 이것은 기획 단계와 검토 단계, 설계 단계 등, '프로젝트의 공정 구분'을 가리킨다. 게이트란 문을 말하므로, 이 문을 통과해야 다음 단계로 진행 가능하다. 페이즈 게이트는 주요 구성원이 모여서 의사결정을 하는 타이밍이기도 해서, 매우 중요한 포인트라 할 수 있다.

진척 유형 A

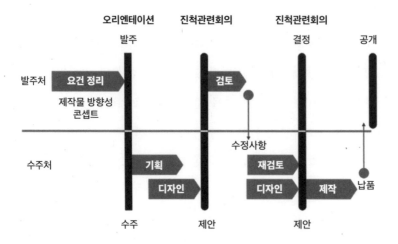

[그림1-6] 페이즈 게이트와 일반적인 일정의 예

진척 유형 B

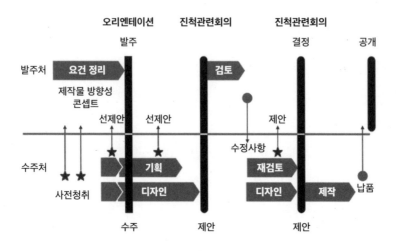

[그림1-7] 커뮤니케이션을 긴밀하게 수행한 일정의 예

이때 임원 보고 또한 진행된다([그림 1-6], [그림 1-7] 참고).

BtoB에서도 산업 유통 분야를 담당하는 사업부나 BtoC를 담당하는 사업부는 수많은 안건을 처리하는 경우가 많으므로 젊을 때부터 성장 기회가 많이 주어지는 편이지만, 행정 등 공공 분야를 담당하는 사업부는 안건을 처리할 기회가 적으며 경쟁입찰도 몇 년에 한 번 정도 있을 뿐이다. 그리고 소속 부서에 따라 프로젝트 참가 기회를 좀처럼 받지 못하는 사원이 있는 것 또한 사실이다. 그 사원이 인사이동으로 갑자기 프로젝트 리더로 발탁되면 팀이 혼란에 빠질 것은 뻔하다. 경험이 일천한 리더는 겸허한 마음을 잊지 말고 경험 있는 직원의 말에 귀를 기울여야 할 것이다.

아이디어 도출 단계에서 필요한 것

신규 시장 개척과 기존 제품 개선

사내에서 프로젝트를 진행할 때는 예산 및 규모가 비교적 큰 안건이 많은데, 프로젝트를 개시하면서 아이디어 도출이 필요한 유형은 크게 2가지이다. 그것은 사업의 장래성에 대한 염려가 큰 '신규 시장 개척'이 요구되는 경우와 '기존 제품의 버전업 및 업그레이드'의 경우이다. 전자는 전 세계의 동향을 파악하고 향후 어떤 시장이 펼쳐질지 예측해야 하므로 매우 난도가 높은 프로젝트이다. 후자는 기존 제품의 업그레이드라서 사용자의 기호 및 수요를 미리 파악하고 있어야 한다. 따라서 사용자의 수요와 신제품 기술이라는 두 관점에서 새로운 아이디어를 도출하는 단계를 거치게 된다.

전자와 후자 모두 '아이디어 고찰'이라는 단계에 직면했을 때, 아이디어를 고민하는 것은 다름 아닌 자기 자신이라고 인식해야 한다. 가령 사외(자기 부서 이외)에 의뢰했을 경우라도 마찬가지이다. 외부에 돈을 지불하고 아이디어를 내도록 하는 경우도 있지만, 전부 떠넘긴 채 일주일 후에 훌륭한 아이디어가 나오길 기대할 수는 없다. 외부 디자인 회사에 의뢰하더라도 자기 부서의 구성원들이 아이디어를 떠올릴 수 있도록 유도하고 때로는 멘토로서 참가하여 방향성을 수정해 주는 것이 일반적이다.

프로젝트의 엔진 역할을 하는 '선도자'

프로젝트가 발족하여 모인 사람들의 면면을 보면 크게 둘로 나뉜다. 솔선하여 아이디어를 제안하는 선도자가 없는 경우와 선도자가 너무 강렬해서 그의 의견에 다들 끌려가는 경우이다. 여기서 말하는 '선도자'란 퍼실리테이터와 다르며, 구성원 중 '이렇게 하고 싶다. 이렇게 되고 싶다.'라고 자기 의견을 말하고자 하는 열망이 강한 사람을 말한다.

퍼실리테이터 입장에서는 '선도자'가 한 명 있으면 진행이 한결 수월하지만 지나치게 끌려다닐 수 있다는 단점 또한 존재한다. 따라서 다른 구성원에게도 관심을 보이고 적절한 수준으로 의견을 제시하도록 해야 한다. 선도자의 의견이 너무 강할 때는 그의 의견을 경청하면서도 다른 사람들의 생각 또한 잘 끄집어내어 더 좋은 아이디어로 승화시킬 수 있는 가능성을 높여가야 한다.

　반대로 선도자가 없거나 구성원이 모두 소극적이라 아무도 의견을 개진하지 않는다면 아이디어 도출은 매우 어렵게 된다. 예를 들어 퍼실리테이터가 아래와 같이 물었다.

　"OO씨, XX는 왜 그렇게 된다고 생각하십니까?"
　그랬더니,
　"◇◇라서 그렇게 된 것입니다."
　위와 같이 '질문'에 대해 단답형으로 대답이 나올 때가 많다.

　"◇◇라서 그렇게 된 것입니다. 그래서 좀 더 △△하면 더 나을 것이라 생각합니다."라는 식으로 자신의 생각과 의견까지 말해주는 사람은 별로 없다. 발언을 하지 않는 원인으로 의욕이나 열정이 없기 때문이라고 할 수도 있지만, 자존심이 방해하는 것이 더 큰 장애요인이다. "이런 말을 하면 부끄러울 것 같아. 바보 취급할지도 몰라."라는 생각에 솔선하여 발언을 하지 못하는 것이다. 그럴 때 퍼실리테이터가 능숙하게 유도하면 평소에 발언하지 않던 사람도 좋은 아이디어를 낼 수 있다. 하지만 구성원 개개인에게 주체적인 생각이 없고 선도자도 부재한 상태에서 단지 모여있기만 하면 좋은 아이디어가 생길 리 없다.

　외주를 줄 경우도 마찬가지이다. 신사업 창출 같은 큰 안건뿐만 아니라, 아무리 사소한 안건조차도 전부 떠넘기고 나 몰라라 하면 좋은 결과를 기대하기 어렵다. 부하에게 전부 떠넘기는 상사 또한 그렇다. 옳은지 그렇지 않은지는 제쳐두고, 참가자들의 의지가 없다면 아무리 사람을 많이 모아도 성과를 낼 수 없다.

POINT 4

⇒ 아이디어 도출 시에는 '좋은 아이디어'보다 '앞으로 출시할 제품을 조금이라도 더 낫게 만들고 싶다'라는 강한 열망이 필요하다. 그러한 의지를 갖고 '내 일'이라는 마음가짐으로 참가하는 것이 방법론을 실천하는 것보다 더 중요하다.

⇒ 고객의 인사이트 파악이나 일정 관리 역량의 배양은 모두 그러한 '열망'을 실현하기 위한 수단이다.

PART 2

프로덕트
개발의 흐름

5장

제안요청서의 이해

BtoB 안건인 경우, 곧바로 개발 업무를 시작하는 것이 아니라 일단 '안건을 수주'해야 한다. 그럼 안건 수주 절차에 대해 알아보자.

일반적으로 BtoB 안건은 공정한 발주를 위해 발주처가 '경쟁입찰(Competition)'을 진행한다. 이때, 발주처는 입찰 참가 기업들을 대상으로 동일한 '제안요청서'를 제시한다. 이것이 바로 'RFP(Request for Proposal)'이다.

제안요청서(RFP)는 가격 및 서비스 내용 등, 수주 기업이 발주처에 구체적인 제안을 하는 데 필요한 기본 정보를 기재한 문서이다(42페이지 참고). 제안요청서(RFP)에는 발주처의 요구 사항이 명확히 나타나 있으므로 입찰 참가 기업은 이를 반드시 지켜야 한다. 비슷한 제안 역량을 갖춘 기업끼리는 가격이 유일한 차별화 포인트가 되어 가격 경쟁에 빠지기 쉽다.

제안요청서에 없는 발주처의 인사이트를 찾는다

입찰 참가 기업은 제안 내용의 차별화를 위해 경쟁 업체의 강점과 약점을 인지해야 하며, 제안요청서(RFP)에만 의존하지 않고 기업 이념이나 발주처가 처한 시장 동향 등을 자세히 조사하여 해당 기업의 정보를 입수해야 한다. 예를 들어 발주처가 다수의 점포를 전개하고 있는 음식점 체인이고 제안요청서(RFP)에 '각 점포의 POS 데이터 연동 및 임직원 업무 효율화'라는 요구 사항이 명시되어 있다고 하자. 해당 발주처는 현재 국내 250점포를 보유하고 있으며, 이 모든 점포의 POS 데이터 연동을 희망한다. 그렇다면 그 POS 데이터는 당연히 경영적인 판단을 위해 활용할 것이다. 그리고 발주처의 기업 이념 및 사업 전략을 조사해보니, '전 세계의 식문화를 바꾼다'라고 나와 있다고 하자. 이를 통해 이 기업이 향후 글로벌 사업 확장을 목표로 하고 있다는 것을 알 수 있다. 이러한 정보는 제안요청서(RFP)에 없기 때문에 추가로 조사를 해야 한다.

인사이트를 반영한 제안의 장점

상기 사례를 통해 발주처의 인사이트를 반영한 제안과 그렇지 못한 제안을 비교해 보자. A사가 제안한 내용은 '귀사가 전개하고 있는

250개 점포의 POS 연동에 대한 제안'으로, RFP의 요구 사항이 그대로 적용된 것이었다. 이와 달리 입찰 참가 기업 B사가 제안한 내용은 '국내 250점포는 물론, 향후 해외 진출까지 고려한 POS 연동 제안'이라고 한다면, 어느 쪽이 선정될까? 발주처에서는 '우리에 대해 잘 조사해서 파악하고 있군'이라고 생각되는 기업 쪽이 더 믿음직하다고 여기고 업무를 의뢰하게 될 것이다.

기업마다 제안요청서(RFP)에 기재되지 않은 이런저런 사정이 있다. 그 기업의 입장과 현 상황은 그러한 사정들이 얽혀진 결과로, 이를 사전에 조사해 두는 것이 매우 중요하다. 기업의 홈페이지 및 결산보고서 등을 참고하여 기업 이념 및 대표이사 인사말 등의 여러 가지 정보를 입수할 수 있지만, 그런 공개된 정보들뿐만 아니라, 제안요청서(RFP) 공시 전에 발주처 담당자와 긴밀히 연락을 취하며 정보 수집을 하는 것 또한 중요하다. 이러한 정보와 제안요청서(RFP)를 함께 대조해 보면 발주처가 원하는 '핵심 부분'을 파악할 수 있게 된다. 따라서 수주처 영업 담당자는 깊이 있고 다양한 정보를 입수할 수 있도록 더욱 세심한 주의를 기울여야 할 것이다.

제안요청서에 잘 나오는 요구 사항

제안요청서(RFP)는 기업 및 지자체 등에 따라 기재 방식이 다르다. A4 세로형으로 쓰기도 하고 가로형으로 쓰기도 하는 등 정해진 유형은 없지만, 제안요청서(RFP)에 기재된 항목 자체는 큰 차이가 없다고 볼 수 있다. 발주처는 자사에 어떤 가치를 제안하는지를 주로 본다. 신뢰성은 물론이고, 미래를 고려한 제안 내용의 임팩트 및 독창성, 선견지명을 중시하는 경향이 있다.

단, 발주처가 행정기관일 경우에는 다소 차이가 있다. 이 경우 아래에 있는 제안요청서(RFP) 항목 중 요구 사항에 가산점이 들어간 표가 추가된다. 예를 들어 이 항목은 몇 점, 저 항목은 몇 점, 그리고 제안 가격은 몇 점, 이런 식이다. 제안을 심사하는 담당자가 각각의 항목에 점수를 매기고, 종합 점수가 가장 높은 기업이 수주하는 것이다.

제안요청서(RFP) 항목의 예시

- **들어가며**

■ **본 프로젝트 개요**	① 요청 배경 및 목적
	② 해결하고자 하는 과제
	③ 당사 체제 및 일정
■ **제안 범위**	① 대상 영역
	② 서비스 요구 사항
	③ 운용 조건
■ **제안 내용**	① 제안서
	② 비용산출
	③ 제안사 정보
	④ 제출 서류에 대하여
	⑤ 기한 및 제출처

■ **선정 프로세스**   ① 선정에 대하여

② 프레젠테이션에 대하여

③ 일정

④ 문의처

⇒ 제안요청서를 참고하는 것도 중요하지만 따로 기재되어 있지 않은 발주처의 '인사이트'를 찾아내야 한다. 이를 위해서 담당자와 긴밀히 연락을 취하고 정보를 열심히 수집하여, 발주처가 추구하는 '핵심 부분'을 파악해야 한다.

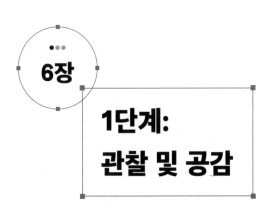

6장

1단계:
관찰 및 공감

프로덕트 개발은
사용자를 이해하는 것에서 시작한다

BtoB의 경우, 안건을 수주하고 나서 개발 업무가 시작되지만, 자사가 직접 시장을 통해 최종 사용자에게 제품이나 서비스를 제공하는 BtoC의 경우에는 자사에서 의사 결정을 한 직후에 개발 업무가 시작된다. 하지만 BtoB든 BtoC든, 제품과 서비스를 개발할 때는 '상대방=고객·사용자'라는 것을 이해해야 한다.

BtoB의 경우, 발주처 담당자로부터 정보를 획득하거나 제안요청서(RFP)를 분석하고, 회사 정보 및 시장 동향을 조사하여 발주처의 수요를 알아내지만, BtoC에서는 사용자를 이해하기 위해 조사(리서치)를 수행한다. 이 단계에서는 정성 조사(그룹 인터뷰 등)와 정량 조사(설문 조사 등)를 활용한다.

정성 조사는 다른 참가자의 의견에 끌려가는 경향이 있어서 퍼실리테이터의 역할이 지대하지만, 조사를 진행하다 보면 정말 질문해야 하는 내용을 묻지 못하는 경우도 비일비재하다. 그래서 질문 항목이나 방법 등에 대한 사전 설계가 중요하다. 단, 이런 조사의 경우 사용자 본인이 인식하고 있는 '지금 실재하는 문제 및 수요'를 추출할수는 있어도, 본인조차 자각하지 못하는 '잠재적 문제 및 진정한 수요'는 도출하기 어렵다.

그럴 때 '관찰'을 수행한다. 사용자의 행동을 관찰하여 본인이 자각하지 못하는 잠재적인 문제나 진정한 수요를 발견하는 작업을 말한다. 사용자의 행동을 철저하게 관찰하면 그 이면에 숨겨진 문제나 수요(인사이트)를 찾을 수 있다. "행동 관찰 역량을 기르려면 어떻게 하나요?"라는 질문을 자주 받는데, 그럴 때마다 "평소에도 주위를 잘 지켜보세요. 또 사람을 관찰하는 습관을 들이세요."라고 대답한다. 그럼 필자가 평소에 관찰을 통해 밝혀낸 사람들의 행동을 몇 가지 소개하겠다.

관찰 사례 ①: 전철 안, 역에서

앉은 자리 바닥에 가방을 놓는 사람

[그림 2-1]에 있는 남자처럼 최근에는 전철 안에서 좌석에 앉은 채

바닥에 가방을 놓는 사람이 많아진 것 같다. 그런 사람들은 대체로 스마트폰을 사용하거나 책을 읽고 있는데, 그 앞에 서 있는 사람 입장에서는 발끝이 가방에 닿지 않을까 염려하게 된다. 거기다 앞쪽으로 몸을 구부려가며 스마트폰을 만지작거리고 있으면 서 있는 사람은 뒤로 물러나야 한다. 잘 관찰해 보니 그런 행위는 나이에 상관없이 많은 사람들이 하는 것으로 보인다.

[그림 2-1] 앉은 자리 바닥에 가방을 놓는 사람

혼잡스러운 전철 안에서 선 채로 바닥에 가방을 놓는 사람

좌석에 앉은 채 바닥에 가방을 놓는 사람과 마찬가지로, 다음 페이지 [그림 2-2]에 보이는 것처럼 서 있는 상태에서 바닥에 가방을 놓는 사람도 요즘 많이 보인다.

앉아서 가방을 아래에 놓는 사람과 마찬가지로 대체로 스마트폰을 사용하고 있는 경우가 많다. 혼잡하여 손잡이도 잡기 어려운 상태라, 모든 사람이 흔들림에 대비하여 다리에 힘을 주고 있는 상황인데 바닥에 가방이 놓여 있으면 방해가 된다. 내릴 때도 설마 가방이 바닥에 있을 거라고는 생각하지 못하기 때문에 그 앞을 통과하다가 걸려 넘어질 수도 있다. 관찰해 보면 무겁다는 이유도 있지만 역시나 스마트폰을 사용하고 싶다는 생각에 그런 행동을 하는 것을 알 수 있다. 이런 행위 또한 나이와는 상관이 없는 것으로 보인다.

[그림 2-2] 서 있는 상태에서 바닥에 가방을 놓는 사람

가방을 앞으로 메고 있지만…

혼잡한 전철 안에서는 전철 차장 또한 차내 방송을 통해 가방을 앞으로 메라고 권한다. 그렇지만 그것은 혼잡한 정도가 적당할 때 얘기고, 혼잡도가 매우 심할 때는 가방을 앞으로 메고 있으면 한 명분의 공간을 더 차지하게 된다. 실제로 서 있을 때 사람의 골격은 배가 나온 것 같은 형상이 되기 때문에, 가방을 손에 들고 있는 편이 좁은 공간을 활용하기에 효율적이다(76페이지 참고). [그림 2-3]에서 볼 수 있는 것처럼 앞으로 멘다고 해서 무조건 좋은 것이 아니므로 혼잡이 심한 경우에는 가방을 손에 들고 허리 밑에 위치하도록 해야 할 것이다.

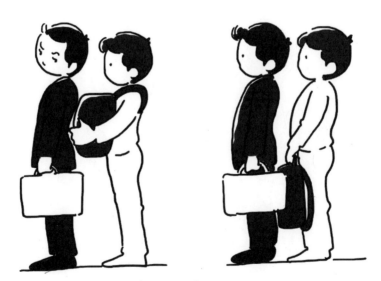

[그림 2-3] 앞으로 메는 것보다 손에 드는 편이 부딪치지 않는다

'개체 공간'이라고 나만의 것이 아니다

[그림 2-4]에서처럼 전철 및 엘리베이터 안에서 혼잡한 상황일 때, 자신의 뒤편을 신경 쓰지 않는 사람이 많은 것 같다.

사람은 누구나 '개체 공간Personal space'이라는 것을 갖고 있다. 위에서 보면 다이아몬드 모양이라고 하는데, 그 크기는 사람마다 다르다. 특히 앞뒤 공간의 크기가 다르다고 한다. 혼잡한 가운데 스마트폰을 만지는 사람은 극단적으로 앞쪽의 개체 공간이 넓다. 뒤에 있는 사람이 불쾌하게 여기지 않는지 확인해야 할 것이다.

[그림 2-4] 뒷사람에게 무신경 1

여행용 캐리어는 괜찮을까?

[그림 2-5]를 보자. 필자 또한 여행용 캐리어를 들고 출장을 가는 경우가 많은데, 이때 신경 써야 하는 부분이 뒷사람에 대한 배려이다. 비어 있는 공간에서 여행용 캐리어를 끌고 가는 것은 문제없지만, 혼잡한 공간에서는 뒷사람에게 최대한 배려해야 한다. 캐리어를 끌고 있는 사람은 모르겠지만, 뒤에 있는 사람은 걸려 넘어질 가능성도 있으니 뒷사람을 고려하지 않는다면 민폐임과 동시에 위험하다. 거기다가 헤드폰을 끼고 음악을 듣는다거나 '스마트폰을 보면서' 걷는다면 더 위험할 것이다. 다음 페이지 [그림 2-6]처럼 캐리어가 없더라도 스마트폰을 보느라 뒷사람을 배려하지 못하는 경우도 있다. 언제나 '남에게 폐를 끼치고 있지 않은지?'에 대한 고려를 해야 한다.

[그림 2-5] 뒷사람에게 무신경 2

[그림 2-6] 뒷사람에게 무신경 3

관찰 사례 ②: 기기의 표시가 애매함

편의점 커피 머신

요즘 대부분의 편의점에는 드립 커피 머신이 설치되어 있다. 블렌드 커피는 물론 라떼 등도 쉽게 마실 수 있는 매우 편리한 기계이다. 외관 디자인은 훌륭한데, 표시가 알기 힘들어서 잘못 누르는 일이 많

[그림 2-7] 무슨 버튼이지?

다. 그래서 [그림 2-7]처럼 '보통', '큰 사이즈', '따뜻한', '차가운' 등의 종이를 덕지덕지 붙이는 유감스러운 상황이 벌어진다. 제품을 개발할 때 사용성 테스트를 했다면 금방 알아차리고 개선할 수 있었을 텐데 매우 아쉽다. 최근 들어 표시를 알아보기 쉽게 만든 기종이 나오고는 있지만…

열림　닫힘

⇓

이렇게 하는 편이
더 알아보기 쉽지 않을까?

[그림 2-8] 직관적으로 바로 알 수 있는 디자인은 어느 쪽일까?

구분하기 어려운 엘리베이터 개폐 버튼

엘리베이터 개폐 버튼 표시도 구분하기 어렵다고 생각한다. 여유로운 상황에서는 문제없지만, 누구나 한 번쯤은 엘리베이터가 닫히기 직전에 급히 뛰어드는 사람을 보고 친절한 마음에 '열림'을 누르려다가 실수로 '닫힘'을 눌렀던 경험을 해봤을 것이다. 엘리베이터의 개폐 버튼의 픽토그램Pictogram은 가운데에 문을 나타내는 선이 있고 화살표 방향으로 열림과 닫힘을 나타낸다.

[그림 2-8]에서 위쪽에 있는 그림이 기존 엘리베이터 개폐 버튼의 픽토그램이고 아래쪽에 있는 그림이 필자가 제안하는 픽토그램이다. 선 위치를 바꾸기만 해도 '열림'과 '닫힘'을 확연하게 인식할 수 있다고 생각한다. 선 위치를 바꾸기만 하면 되니까, 앞으로 최신 기종에 모쪼록 도입해 주었으면 한다.

관찰 사례 ③: 병원에서 보는 광경

개인정보를 고려하여 도입한 시스템이지만…

요즘 병원은 개인정보를 고려하여 접수번호로 호출하는 곳이 많다. 대기실 정면 천장 근처에 설치된 모니터에 접수번호가 표시되고, 벨소리가 나면서 호출하는 시스템이다.

그런데 고령자가 많은 대기실에서는 모니터에 자신의 번호가 표시되어도 알아차리지 못하는 사람이 많다. 아무리 기다려도 진찰실로 들어오지 않으니 간호사가 나와서 큰 소리로 다시 접수번호를 부르지만 그래도 답이 없다. 그래서 결국은 [그림 2-9]에서 보이는 것처럼 '실례지만 호명하겠습니다'라고 하며, '○○씨~'라고 이름을 부

[그림 2-9] 병원 대기실

르고, 한참 전부터 앉아 있던 어르신이 손을 들고 대답한다.

말하기 불편한 병명도 있다

[그림2-10]을 보자. 약국의 창구에서 자주 보는 모습이다. 약국에서는 환자에게 정확한 약 정보를 전달하기 위해 환자의 증상과 몸 상태를 확인한다. "오늘은 어디가 안 좋으신가요?", "○○씨 십니까? 열은 있습니까?" 등의 질문을 하는 것이다. 병원은 개별 진찰실로 들어가기 때문에 주위 사람에게 어떤 증상으로 방문했는지 알려질 염려가 없다. 하지만 약국은 개방된 공간에서 약을 전달하므로 그 자리에

[그림 2-10] 군중의 시선에 무방비한 약국 창구

서 증상과 병명을 말하게 되면 주위에 전부 알려지게 된다. 예를 들어 만약 여러분이 '치질'이라면 어떻게 될까. 약사가 "치질이시죠?"라고 말해서 주위 사람들에게 자신이 치질이라는 것이 알려지고 부끄러울 것이다. 약국의 창구는 이 상황을 바꾸어야 한다.

위 사례들은 전부 필자가 일상 관찰을 통해 '왜 그럴까?'라고 의문을 느낀 것이다. '관찰 및 공감' 단계에서는 이처럼 '왜?'라는 의문을 갖는 것이 우선 중요하다. 그렇게 하면 자신이 목격한 현상에 대한 원인을 규명하고 싶어지기 때문이다. 한 걸음만 집 밖으로 나가도 주위에는 관찰 대상이 넘친다.

예를 들어 편의점이 그렇다. 개인적으로 편의점에서 손님 1인이 계산대에서 머무는 시간이 예전에 비해 더 늘었다고 생각한다. 여기서 '왜?'라는 의문을 갖고 관찰하다 보면 몇 가지 원인이 나타난다.

첫 번째로, 플라스틱 쓰레기 감소를 위한 비닐봉투의 유료화이다. 필자도 가급적 에코백을 이용하여 쇼핑을 하는데, 편의점에는 슈퍼마켓과 달리 구매 상품 정리를 위한 테이블이 없기 때문에 결제와 포장, 거스름돈 수령 등을 전부 고객 스스로 해야 한다. 예전에는 돈을 준비하는 동안 점원이 상품을 스캔하고 비닐에 담아주는 작업을 해서 비슷한 시간이 소요되었다. 그런데 지금은 비닐이나 에코백에 담는 작업을 직접 해야 해서 계산대를 점유하는 시간이 더 늘어나게 되었다. 물론 최근에는 포장 전용 테이블을 마련한 편의점도 많아지고 있다. 앞으로도 편의점들은 계산대 주변을 개선해 줬으면 한다.

두 번째로, 편의점에서 직접 만들어 판매하는 튀김류 때문이다. 이는 보통 계산대 옆에 있어서, 고객이 물건을 계산하면서 함께 주문

하는 형태로 판매된다. 그래서 점원이 튀김류 등을 주문 받으면 물건을 계산을 하던 중에 손 소독을 하고 케이스에서 제품을 꺼내 비닐에 담고 결제를 하는 절차가 추가된다. 거기다 공공요금 납부 등까지 하게 되면 상당한 시간이 소요된다.

이처럼 편의점 계산대 주변만 살펴도 많은 것을 알 수 있으며 이에 대한 개선책도 떠오르게 될 것이다.

[그림 2-11] 편의점의 셀프 계산대

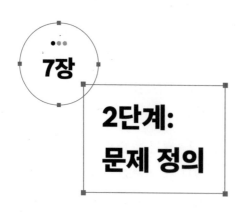

2단계:
문제 정의

'무엇을 해결할지' 결정하는 문제 정의

지금까지 소개했듯이 평소에 주위를 관찰하는 것만으로도 인간의 행동과 세상의 변화를 느낄 수 있고 그 이면에 숨겨진 갖가지 문제도 보이기 시작한다. 이것이 '문제 정의'이다. BtoB의 경우 발주처에서 해결하고자 하거나 인지하고 있는 문제는 제안요청서(RFP) 등에 명확히 기재되어 있다. 하지만 실제로는 더 복잡한 안건이 있는 게 일반적이다. 알기 쉬운 사례를 들어 설명하도록 한다.

어떤 회사에서 인위적인 실수에 따른 인적오류Human Error가 사라지지 않는 것이 문제라고 하자. 그리고 경영자는 업무 개혁을 추진하고자 한다. 인적오류에 의한 손실을 계산해 보니 연간 8천만 엔의 손실에 해당하였다. 당연히 그 회사에서도 어떤 인적오류가 발생하는

지까지는 파악하였으나, 어떤 원인으로 그러한 문제가 발생했는지는 모르고 있었다. 이러한 안건을 수주하게 되면, 해결할 문제에 대한 원인을 규명하기 위해 다각도에서 조사를 시작할 것이다.

먼저 실제 일어나고 있는 인적오류에 대해 분석해야 한다. 이미 목록이 작성되었을 가능성이 있으므로 가능하면 이를 입수하여 세밀하게 인과관계를 분석해야 한다. 그중에서 큰 손실을 초래했다거나 중차대한 것을 선별하고, 현장 인터뷰 등을 토대로 업무 흐름을 명확히 파악하면서 불분명한 점은 '실제 업무를 관찰'하는 순서로 진행한다.

이 과정에서 자신의 '선입관'을 버리는 것이 중요하다. 선입관은 자신의 경험에 의한 것이므로 그것이 반드시 옳다고 단정할 수 없다. 먼저 선입관을 버린 후, 있는 그대로를 관찰해야 한다. 현장 인터뷰에서 질문할 때는 열린 질문으로 해야 한다. "○○에 대해 어떻게 생각하십니까?"라는 식으로 묻는 것이다. "그것은 헛수고라고 생각하지 않습니까?" 등과 같이 '예/아니오'로 답하도록 하는 닫힌 질문은 바람직하지 않다. 질문받은 당사자는 헛수고라고 생각하지 않을 가능성이 있고, "왜 그런 걸 물어봐!"라고 반감을 사기만 할 수도 있다.

이런 현장 인터뷰에서 얻는 답은 어디까지나 현재 나타나고 있는 문제점에 국한된다는 것을 인식해야 한다. 예를 들어 전표에 기입 실수가 있었고 '발주 전에 구두로 읽어가면서 교차 확인을 하는 것이 규칙인데 이를 하지 않았다.'라는 의견이 나왔다면 정해진 업무 흐름을 지키기만 해도 개선이 가능할 수도 있다. 이것은 현재 나타나고 있는 문제이기 때문이다.

그러나 '애초에 전표 기입 방식에 문제는 없는가', '전표 자체가 불필요한 것이 아닌가' 등은 평소에 통상적인 업무를 수행하는 사람이 평가하기 어려운 것이다. 그럴 때는 제삼자가 조사하고 관찰하여 찾아낼 수 있는 포인트가 있기 마련이다. 이를 통해 잠재적인 문제의 발견으로 이어지는 것이다.

일어난 현상으로부터 문제의 본질에 다가서기

그것은 최초의 '관찰 및 공감' 단계에서 얼마만큼 문제점을 발견하는지에 달려있다. 이를 위해 아래와 같은 내용을 고려해야 한다.

- 관찰대상자 자신이 문제라고 생각하지 않는 것을 찾아낸다
- 개선의 방향성을 상상해 보고 문제를 정의한다
- 문제가 벌어지고 있는 배경에 대해 고찰한다

한마디로 '문제 정의'라고 하지만 쉬운 일이 아니다. 본인조차 인식하지 못하는 잠재적인 문제나 수요는 잘 드러나지 않으며 아무리 관찰해도 찾아내기 어렵기 때문이다. 하지만 이를 발견만 할 수 있다면 매력적인 제품이나 서비스 개발에 도움이 될 수 있기 때문에 개발자들이 열심히 '본인조차 인식하지 못하는 잠재적인 문제나 수요'를 찾아내려 하는 것이다. 이러한 '문제 정의'는 현재 나타나는 문제와 현상에 대해 '크게 영향을 주는 주된 원인이 무엇인지 정의하는 것'이 중요하다.

이를 위해서는 필요에 따라 일부러 내버려 두는 경우도 생길 것이다. 한 번에 모든 것을 해결할 수 있다면 더할 나위 없지만 어느 정도 눈감아줘야 하는 문제에 대해서도 인식해 둘 필요가 있다. 또 문제가 여러 개 겹쳐져서 커다란 문제로 발전했을 가능성도 있으며, 해결하려고 했을 때 새로운 문제가 발생할 수도 있다. 따라서 문제를 다각도에서 살펴보고 해결책을 고려해야 한다. 자신의 편견만으로 해결하려고 한다면 좋아할 사람은 없다는 야속한 결말을 맞이할 뿐이다.

그럼 필자가 관찰한 사례를 토대로 문제 정의 절차에 대하여 설명하겠다. '관찰 및 공감' 단계에서도 제시한 바 있고 많은 사람이 경험한 적 있는 종합병원의 외래 대기실 얘기이다. [그림 2-9]를 다시 살펴보자.

[그림 2-9] 병원 대기실

대부분의 종합병원에서는 개인정보 보호를 위해 개인의 이름을 부르지 않고 접수번호를 호출하는 시스템을 취하고 있다. 병원 측에서 보자면 '개인을 호출할 때 다른 환자가 개인정보를 알 수 없도록 한다'라는 것이 과제여서 번호를 모니터에 표시하여 부르는 방식을 채용한 것이다. 그렇지만 실제로 벌어지는 현상을 보면, 고령자일수록 모니터에 표시되는 번호가 자신의 번호임을 인식하지 못한다. 결국에는 이러한 현상 때문에 간호사가 환자의 이름을 부르는 상황이 발생하는 것이다.

그렇다면 어떠한 문제 때문에 이러한 상황이 발생하는지 생각해 보자.

문제①: 필자가 다니는 종합병원 사례로서 다른 병원에도 해당하는지는 알 수 없지만, 그 병원에서는 입구에서 접수순으로 '번호표'가 발권된다. 환자들은 그것을 가지고 자신의 진료과로 가는데, 당연하지만 내과도 있고 외과나 비뇨기과, 이비인후과도 있다. 따라서 각각의 진료과에서 호출할 때는 번호 순서대로 이루어지지 않는다. 예를 들어 자신의 번호가 '215번'이었을 때, 앞 사람 번호가 '214번'이라고 단정할 수 없다. 그렇다면 '앞으로 몇 사람 남았는지' 예측할 수 없다는 문제가 생긴다(요즘은 호출할 순서와 번호가 함께 표시되는 곳도 늘었다).

문제②: '딩동'하는 벨 소리와 함께 번호가 모니터에 표시되는데, 고령자일수록 고음을 잘 듣지 못한다.

문제③: 고령자가 아니라도 몸 상태가 좋지 않을 때는 집중력을 유지하는 것이 힘들며, 대화를 나누고 있다거나 잠이 들어서 호출을 인식하지 못할 경우도 있다. 또한 고령자의 경우에는 화장실을 자주 간다는 점도 고려해야 한다. 화장실에 간 사이에 호출될 가능성도 있다.

문제④: 이 병원에서는 42인치 모니터가 천장에 몇 대 달려있는데, 앉는 위치에 따라 잘 안 보이는 곳도 있다.

문제⑤: 진료가 끝나면 사무직 여성이 결제 금액을 계산하고, 진찰을 받은 환자는 다시 대기실로 돌아와 기다려야 한다. 잠시 후 사무직 여성이 나와서 '○○씨~'라고 이름을 부르는데, 애초에 말했던 개인정보 보호는 어떻게 된 것인가.

문제⑥: 애당초 대기 시간 자체가 길다는 것이 문제라 할 수 있다.

'개인정보 보호 관점에서 환자를 직접 호명하지 않고 접수번호로 부르는데, 호출을 인식하지 못하는 고령의 환자가 많다'라는 문제에 대해 이 정도로 다양한 사안들이 얽혀있다는 것이다. 현재 일본에서는 지역 의료 중시 관점에서 지역 진료소의 의사를 '주치의'로 삼도록 하고, 종합병원은 소개장을 받은 환자에게 고도의 의료를 제공하는 형태의 정책을 취하고 있다. 그렇다면 종합병원에는 당연히 고령자와 중증 환자가 모일 것이며, 문제는 그러한 사람들을 전제로 한 시스템을 고민하는 것이다. 이 문제를 해결해야만 쾌적한 대기 시스템이 실현할 수 있다. 문제 해결의 방향성을 좀 더 구체적으로 생각해 보도록 한다.

문제 해결의 방향성

문제①   **앞으로 몇 사람 남았는지 알 수 없음**: 진료과별로 번호를 나누어 배정하고 접수순으로 번호를 배포

문제②   **고령자일수록 고음을 듣지 못함**: 벨 소리 사용의 효율성을 점검, 또는 벨 소리를 사용하지 않는 방식 등을 검토

문제③   **장시간의 집중력 유지가 어려움**: 집중을 유지하지 않아도 되는 상황을 실현

문제④   **잘 안 보이는 모니터**: 사각에 앉아있는 경우 바로 주변에서 알 수 있도록 하는 장치를 마련

문제⑤   **결제 시의 호출**: 이름을 부르지 않고도 본인에게 알릴 수 있는 시스템과 결제 대기 시간의 지연 해소

문제⑥   **긴 대기 시간**: 대기가 필요 없는 진료의 실현, 외출해도 되는 시스템을 구축

문제①은 시스템 개선을 통해 금방 해결 가능할 것이다. 문제②~⑥은 휴대형 진동 기기를 환자에게 제공하여 자신의 차례가 되었을 때 진동이 울리도록 하면 해결될 수 있다.

자주 나오는 실패 사례

이때 흔히 할 수 있는 실수가 있다. 고려해야 하는 사항을 간과한 제안을 하는 것이다. 예컨대, '휴대→진동→익숙한 것'이라는 키워드만 놓고 보면 "개인이 소지한 스마트폰으로 호출이 오게 하면 어떨까?"

라는 아이디어를 내는 사람이 반드시 나오기 마련이다. "그렇지, 그러면 잠깐 외출하더라도 호출이 올 테니까 괜찮을 거야"라고 흥분하면서 안이하게 '스마트폰 호출 시스템'을 제안한다.

하지만 제안자가 간과한 몇 가지 사항이 있다. 사용자가 어느 정도의 고령자인지 스마트폰을 소지하고 있는지, 스마트폰을 익숙하게 사용하고 있는지 등의 문제이다. 이를 고려하지 않으면 결국 아무도 쓰지 않는 시스템을 만들어버리는 셈이 된다. 개인적으로는 스마트폰 호출이 편하지만, 과연 고령자들도 편할까.

상업 시설 푸드 코트에 많이 있는 진동 벨을 활용하는 방법을 참고할 만할 것이다. 모니터를 보지 않아도 주변에서 진동을 울려서 알아차릴 수 있고 고령자들도 익숙하기 때문에 비교적 쉽게 받아들일 수 있고 안심이다. 고령자가 아닌 사람들도 독서에 집중하면서 기다릴 수 있게 된다. 이미 '환자 호출 벨'이라는 기기가 개발되고 있다고 한다.

POINT 7

⇒ 현재 나타나고 있는 문제에만 얽매이지 말고, 잠재적인 문제를 파헤친다

⇒ 해결해야 할 문제에 영향을 주는 주된 원인이 무엇인지 밝힌다

⇒ 여러 가지 요인이 얽혀 있다고 생각하고 새로운 문제를 폭넓은 관점에서 본다

8장

3단계: 아이디어 도출

아이디어는 평소의 인풋에서 도출된다

드디어 아이디어 도출 단계까지 왔다. 아이디어 도출 단계에서는 당연히 프로젝트 구성원들이 모여 논의하기도 하지만, '얼마나 사전에 정보를 취득하였는지'가 중요하다. 필자는 이를 인풋이라고 부른다. 예를 들어 아래 그림처럼 한 장의 천이 있고 그 가운데를 집어 들 경우, 천의 크기에 따라 들어 올릴 수 있는 최대 높이가 정해진다. 천이 올라가는 높이를 '상상력'과 '발상력'이라고 한다면, 사전에 얼마나 정보를 취득하였는지에 따라 상상력과 발상력의 높이가 정해지는 것이다. 필자는 이를 '상상과 발상의 천'이라고 부른다([그림 2-12] 참고).

　'관찰 및 공감' 단계(6장 참고)에서도 타깃 시장 및 사용자 관찰, 공감이 중요하다고 말한 바 있지만, 그것만으로는 불충분하다. 평소에

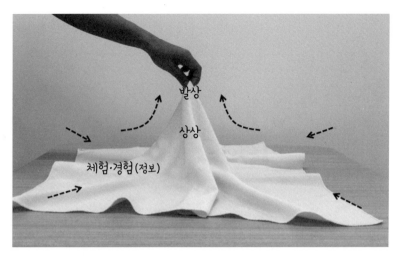

[그림 2-12] 상상과 발상에 대한 이미지

도 세상을 관찰하며 다양한 정보를 입수해 두어야 아이디어에 활용할 수 있다. 아이디어가 끊임없이 나오는 사람은 대체로 박학다식하다. 하지만 그것은 원래부터 내재한 것이 아니라 스스로 흥미를 갖고 항상 '왜?'라고 물으며 사물을 탐구하는 자세가 몸에 배어 나오는 것이다. 이제는 스마트폰을 사용하여 간단히 정보를 입수할 수 있다. 평소에도 궁금한 것은 바로 조사해 보는 습관을 들이면 사전에 입수한 지식을 기반으로 심도 있는 논의를 할 수 있을 것이다. '관찰 및 공감', '문제 정의' 각각의 단계에서 깊은 고찰 또한 가능해진다.

정보에서 아이디어로

'상상과 발상의 천'으로 상상력과 발상력을 증대시키려면 다양한 인

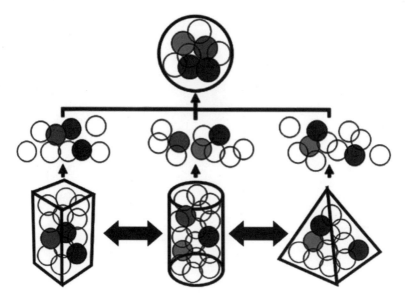

서로 거리가 멀수록 혁신

[그림 2-13] 요소를 다른 제품과 서비스에 전용하여 보자

풋이 중요하다고 했는데, 취득한 정보를 상상력과 발상력으로 승화시키려면 어떻게 해야 하는지 설명하겠다.

　제1장에서 디자인 씽킹에 대해 다루었는데 'Design'이란 과연 무엇일까. 'De'는 '부순다'라는 의미의 접두어이다. 즉, '상징, 기호, 부호'라는 의미의 'sign'과 조합하여 '일단 부수고 다시 조립한다'라는 의미로 해석할 수 있다. 실제로 아이디어 창출 과정은 그야말로 '파괴 후 재조립'의 연속이다.

　[그림 2-13]을 보면, 사각뿔과 원뿔 등으로 다양한 서비스와 제품을 추상화하였는데 그 안에 또 수많은 요소가 들어있다. 이들을 서로

연결하여 새로운 아이디어를 탄생시키는 것이다. 그리고 연결된 서비스와 제품의 거리가 멀수록 놀라운 혁신으로 이어진다.

예를 들자면, 최근 후지필름Fujifilm이 스킨케어 상품과 의료 분야에서 주목을 받고 있다. TV 광고도 빈번히 나오고 있어서 아는 사람이 많을 것이다. 후지필름은 회사 이름대로 사진 필름 사업이 메인이었으나 디지털 시대에 접어들며 카메라도 디지털화되면서 필름 시장이 축소되었다. 필름 제조 분야의 대기업들은 고전을 면치 못했으나, 후지필름은 필름 사업을 통해 축적한 다양한 기술을 핵심으로 하여 신규 시장에 도전하였다. 그중 하나가 스킨케어 제품이다. 사진에 대한 연구 개발을 통해 축적한 독자적인 나노 기술을 화장품에 응용하여 피부의 각층 사이에 깊이 스며드는 스킨케어 제품을 개발한 것이다. 사진 필름 기술과 스킨케어 시장이라는 전혀 다른 분야를 연결하여 타의 추종을 불허하는 신규 제품을 만들어내었으니 혁신이라고 부를 만하다.

실제 아이디어 도출 과정

그럼 지금부터는 '관찰 및 공감' 단계에서 예로 들었던 '봄비는 전철에서 서 있는 상태에서 바닥에 가방을 놓는 사람'을 주제로 구체적인 아이디어 도출 및 제품화까지의 흐름을 소개하고자 한다. 서 있는 상태에서 바닥에 가방을 놓은 사람이 최근 늘고 있다고 했는데, 이런 사람들을 대상으로 한 제품의 아이디어와 그 과정을 구체적으로 고찰해 보자.

관찰을 통해 알 수 있는 것

우선 이 사람이 '왜 가방을 바닥에 놓았을까?'를 생각해 봐야 한다.

첫 번째 이유로는 단순히 '가방이 무겁다'는 것이다. 그리고 서 있는 장소 또한 이유가 될 수 있다. 원래 천장 아래 있는 선반에 올려놓고 싶은데 그러려면 선반이 있는 자리 앞에 서 있어야 한다. 거기다가 여성인 경우에는 선반 근처에 서 있더라도 가방이 무거워서 들어

[그림 2-2] 서 있는 상태에서 바닥에 가방을 놓는 사람

[그림 2-3] 앞으로 메는 것보다 손에 드는 편이 부딪치지 않는다

올리기 어렵고 키가 작아서 닿지 않을 수도 있다.

　다른 이유에 대해 생각해 보자면 스마트폰을 양손으로 사용하기 위해서라는 것도 될 수 있다. 관찰해 보니 가방을 바닥에 놓는 사람은 남녀노소를 불문하고 대체로 양손으로 스마트폰을 사용하기 위해 바닥에 놓은 가방을 다리 사이에 끼운 채로 서 있다. 당연히 다리를 벌리게 되어 있으며, 주위 사람들은 자신의 다리를 어디에 놓아야 할지 곤란하게 된다. 매우 민폐를 끼치는 행동이 아닐 수 없다.

　또한 백팩을 메고 있는 사람이 많은데, 필자도 평소에 백팩을 애용하고 있다. 전전철을 탈 때는 뒷사람을 배려하기 위해서 백팩을 앞으로 메고 타는데, 차내 혼잡이 극심한 경우에는 가방 위 손잡이를 잡고 [그림2-3]의 오른쪽 사람처럼 가방을 든다.

　필자는 평소에도 노트북을 들고 다니기 때문에 장시간 이와 같은 자세를 유지하고 있으면 매우 고통스럽지만 다른 사람에게 폐를 끼치지 않으려면 참을 수밖에 없다. 나처럼 가방이 무거워서 바닥에 놓고 싶지만 어쩔 수 없으니까 참고 들고 있는 사람이나 민폐인 걸 알지만 앞으로 메는 사람은 의외로 많다고 생각한다.

이런 관찰 결과를 통해, 백팩을 애용하고 혼잡한 전철에서 앞으로 메거나 들고 있는 사람을 타깃으로 한 신제품을 함께 생각해 보고자 한다.

문제 해결의 방향성을 생각해 본다

[그림 2-14]
골격을 통해 본 공간을 차지하지 않는 짐의 위치

먼저 인간이 서 있을 때의 골격에 대해 생각해 보자. [그림 2-14]에서 볼 수 있는 것처럼 인간의 몸은 옆에서 보면 등뼈가 앞으로 휘어져 있다. 이는 무거운 머리를 떠받치고 그 무게를 흡수하는 데 효율적인 형태이다. 등뼈가 휘어져 있더라도 두개골과 발의 중심이 정확히 일직선으로 연결되므로 중심을 잘 잡고 서 있을 수 있는 것이다.

만약 경추와 등뼈가 곧은 형태였다면 머리를 받치기 어려울 것이다. 이러한 휘어짐은 무게와 충격을 흡수하는 역할을 하므로, 인간의 몸은 정말 잘 만들어져 있다고 할 수 있다. 등뼈가 휘어진 형태이기 때문에 가슴에서 배에 걸쳐 앞으로 내민 형태로 서 있게 된다. 반대로 복부 아래는 뒤쪽으로 밀린 형상이 된다. 똑바로 서 있는 상태에서 시험 삼아 고개만 아래를 향해보자. 그럼 무릎이 배에 가려 보이지 않을 것이다. 이것은 무릎보다 가슴과 배가 앞으로 나와 있다는 증거이다. 따라서 백팩 형태의 가방을 앞에 메고 전철을 타면 실제로는 가슴과 가방을 합친 만큼의 폭을 차지하게 되어 2인분 자리를 점유하는 것이다.

그럼에도 전철 내 방송에서 "백팩 등은 등에 메지 말고 앞으로 메십시오"라는 말을 하는 이유는 등에 멘 상태로는 다른 사람에게 닿지 않도록 제어하기 어렵기 때문이다. 하지만 혼잡한 전철 안에서의 공간 문제에 대해 생각해 보면 인간의 골격 구조상 등에 메거나 앞으로 메는 것보다 직접 들고 있는 편이 다른 사람에게 폐를 끼치지 않는다는 점에서 압도적으로 합리적이라 할 수 있다.

다만 무거운 것을 들고 있으면 양손에 큰 부하가 걸려서 매우 힘들다. 이때 '이 정도 높이에 물건을 놓을 수 있는 상황을 만들면 되지 않을까?'라고 문제 해결의 방향성을 설정하고 아이디어를 도출해 볼 수 있다. 이 질문에 대한 답은 간단하다. 짐을 든 팔이 편해지려면 어딘가에 가방을 놓으면 된다. 하지만 바닥에 놓을 수는 없으니 뭔가 받침대 같은 것을 설치 하는 방법을 생각해 볼 수 있다([그림 2-15]).

간이 받침대 같은 것이 있으면 편하지만 혼잡한 전철 안에 받침대를 가져갈 수는 없다. 그래서 '받침대를 대신할 만한 것은 무엇이 있을까?'라고 생각하는 것이 아이디어 도출 작업의 시작이다.

우선 '받침대가 될만한 것'을 어떤 형태로 할지는 제쳐두고 '어느 정도 높이가 편할지'를 생각해 보자. 신장은 개인차가 있으므로 높이를 조정할 수 있도록 해야 할까, 아니면 대부분의 사람들이 이용할 수 있는 평균치를 산출하여 고정할까. 어느 쪽이든 25~30센티미터 정도는 필요할 것이라고 생각된다.

[그림 2-15] 받침대가 있으면 들고 있어도 편하다

구체적인 아이디어 전개

이제 받침대가 될 만한 것을 어떤 형태로 만들지에 대해서 구체적으로 생각해 봐야 한다. 예를 들어 가방에 다리를 달아주는 방법을 떠올렸다고 해보자. 그렇다면 우선 몇 개의 다리를 달아야 할까? 가방을 바닥에 세워 놓는다는 관점으로 생각해 본다면, 적어도 4개는 필요할 것이다. 이미지를 떠올려 보면 [그림 2-16]과 같다.

하지만 다리가 4개면 이동하거나 등에 멜 때 방해가 되기 때문에 접을 수 있도록 만들어야 한다. 그래서 접이식 다리를 붙인 상태를

[그림 2-16] 받침대 대신 다리를 달아보자

가정하고 그 구조에 대해 생각해 보았다. 접이식 테이블 같은 구조이다(다음 페이지 [그림 2-17] 참고).

그럼 다리를 어떤 타이밍에 펼 수 있도록 할까. 아마 전철에 타기 직전이나 탑승 직후에 펼치게 될 것이다. 이 경우 전철의 승하차 타이밍에 다리 4개를 펼칠 수 있어야 하므로 상당히 번거로울 수 있으며, 쾌적하지도 않다. 인간은 뭐든지 편리하면 다 된다고 생각하지 않는다. '간단', '편리', '저렴'이라는 3요소는 불가결하다.

그리고 다리가 4개 있으면 바닥에 놓았을 때 다른 사람의 다리와 부딪힐 가능성도 있다. 문득 떠오른 생각으로 '이러면 편하겠네!'라고 밀어붙였다가 실제로 형태화해 봤을 때 생각과는 다른 결과가 나

올 수도 있는 것이다. 그렇기 때문에 아이디어 도출 후에 실제로 형
태화해 보는 단계가 필요하다.

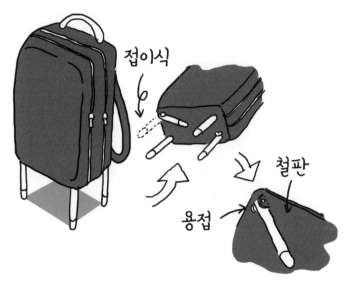

[그림 2-17] 다리 4개를 수납하려면?

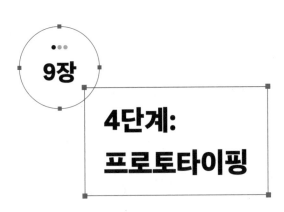

9장

4단계: 프로토타이핑

아이디어를 간단한 형태로 만들어보는 '프로토타이핑'

앞선 아이디어 도출 단계에서 '접이식 다리 4개가 달린 가방'이라는 아이디어를 도출했다. 이 아이디어가 정말 좋을까를 판단하기 위해서는 '프로토타이핑' 단계가 필요하다. 이 단계에서는 일단 만들어보고 검증하는 방식을 취한다. 형태로 만들어 보면 여러 가지를 알 수 있기 때문이다. 단, 정말로 접이식으로 만들 필요까지는 없다. 주위에 있는 봉 형태의 물건을 4개 찾아서 가방 밑에 달기만 해도 검증이 가능하다. 프로토타이핑 단계에서 완성도는 불필요하다. 아이디어의 요건이 충족되는지의 여부, 장단점을 검증할 수 있는지의 여부가 중요하다.

물론 도면을 그려서 검증할 수도 있다. 화이트보드에 그림을 그리면서 검증하는 것 또한 '프로토타이핑'이라고 생각한다. 아무튼 어떠한 형태라도 좋으니 '시각화'하여 검증하는 것이 '프로토타이핑'이다. 이를 통해 나타난 문제는 아래와 같다.

① 다리 4개를 접이식으로 할 경우 각각의 길이를 확보할 수 없다.

다리를 접었을 때 서로 간섭하여 겹쳐지기 때문에 필요한 최소한의 길이를 확보하기 어렵다.

② 경첩(가동부)의 장착 등 제조 공정이 4배 늘어난다.

이는 비용면에서도 문제가 될 수 있다.

③ 야외에서는 지면이나 바닥이 평평하지 않을 때도 있어서 다리 4개가 오히려 불안정하다.

다리 4개 중 하나라도 지면에 닿아있지 않을 경우, 불안정하게 될 가능성이 있다.

사분면으로 검증해 본다

다리 4개를 붙이는 제안을 사분면(포지셔닝 맵, Positioning Map)으로 나타내 보면 다음 페이지 [그림 2-18]과 같다.

전철 안에서 잠시 바닥에 놓을 수 있도록 하려면 가지고 다니기

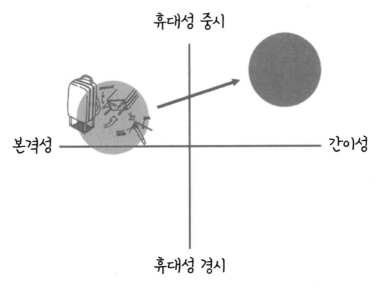

휴대성 중시

본격성 ————————————— 간이성

휴대성 경시

[그림 2-18] 포지셔닝 맵에 따른 개선점 도출

편리한 간이 형태가 좋을 것이다. 거기다 가방이 다른 사람의 발끝과 맞닿지 않도록 어느 정도의 공간을 확보해야 한다. 따라서 위의 사분면에서 오른쪽 위에 위치하는 것이 좋은 아이디어가 된다. 하지만 현재 백팩에 다리 4개를 붙이는 아이디어는 왼쪽에 위치한다.

다리 4개를 붙이는 경우 가방에서 손을 놓더라도 균형을 잡을 수 있다. '받침대'와 같은 역할을 하기에 충분한 구조라고 할 수 있다. 그러나 다른 사람의 발에 닿을 수도 있고, 수납이 힘들며 비용이 드는 등의 단점도 발생한다.

그렇다면 간이성을 확보하려면 어떻게 해야 할까? 사람이 지탱한다면 굳이 다리가 4개씩이나 필요 없다. 3개를 삼각형으로 배치해도 스스로 균형을 잡을 수 있으나 접혀있는 상태에서 다리 모양으로 펴려면 번거로운 작업을 해야 한다. 스스로 균형을 잡을 순 없지만 가방의 무게를 버텨낼 수는 있다고 한다면 다리 2개도 괜찮을 것이다. 하지만 이 경우에 굳이 2개로 만들 의미가 없다. 다리 1개라도 충분히 기능을 할 수 있기 때문이다. 전후좌우가 좀 불안정해지긴 하나, 자립식이 아니라 보조하는 식으로 가방의 무게를 지탱한다고 생각한다면 충분할 것이다.

프로토타입을 다시 만들어본다

앞에서 말한 아이디어를 구체화해 보면 [그림 2-19]와 같다. 어디까지나 손잡이를 잡긴 해야 한다는 것이 전제 조건이지만 가방의 무게

[그림 2-19] 다리 1개라도 충분히 지탱가능하다

를 지탱할 수 있다는 점에서는 충분할 것이다. 이런 식으로 아이디어의 이미지를 더욱 구체화하는 것이 중요하다. 새로운 아이디어가 떠올랐다면 '프로토타입'을 다시 만들어서 검증해야 한다. 프로토타입은 원래 쓰던 가방에 적당한 봉을 테이프로 붙여서 만들어도 괜찮다. 가방의 안정성이나 들었을 때의 느낌, 높이, 봉이 1개라도 기능 조건을 충족하는지 등을 파악할 수 있다면 충분하다.

POINT 9

⇒ 프로토타이핑은 재빨리 모델을 만들어 검증하는 것이 목적이다. 완성도는 높지 않더라도 무방하다.

⇒ 형태로 만드는 과정에서 시행착오를 거듭하고 개선점을 시각화하여 공유할 수 있다.

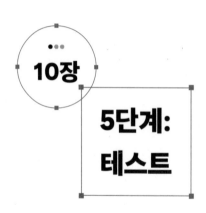

10장

5단계:
테스트

'프로토타이핑' 단계에서 시험 제작한 샘플을 검증하기 위해서 '테스트' 단계를 거쳐야 한다. 이때 사용자에게 실제로 체험시키는 것이 가장 좋으며 이때 사용자의 행동을 관찰한다. 사내 논의를 거쳐 제작한 프로토타입은 어디까지나 가설 수준이므로, 사용자가 체험하는 것을 지켜보면 예상하지 못한 부분에서 자신들의 실수를 깨달을 수 있다.

제품화 이후에도 결점을 개선하거나 다음 제품 및 서비스 개발에 활용하기 위해서라도 검증은 필요하다. 제작된 시작품이나 샘플은 실제 사용자 의견을 듣기 위한 목적으로 만든 것이므로 자신들의 가설을 고집하지 말고 사용자의 답변이나 제안에 따라 개선해야 한다. 또한 테스트를 거쳐 개선한 부분을 최종 제품에 반영할 수 있도록 이

기간까지 고려해 개발 일정을 세워야 한다.

이미지의 구체화를 위한 검증

그럼 조금 전 '가방의 중심부에 봉을 1개만 세우는 형태가 제안된' 상황으로 돌아가 보자([그림 2-19] 참고). 이 다음에는 휴대가 간편하고 수납이 쉬운지 검증해야 한다. [그림 2-20]을 보자.

다리로 삼을 봉의 길이를 25센티미터라고 가정한다면 가방의 바닥 넓이는 30센티미터×15센티미터 정도이므로 가방 모서리 5센티미터 정도에 경첩(가동부)을 설치해야 다리를 수납할 수 있다. 그런데 이 경우 균형을 잡기 힘들어 가방을 지탱할 수 없다. 여기서 '중심에 위

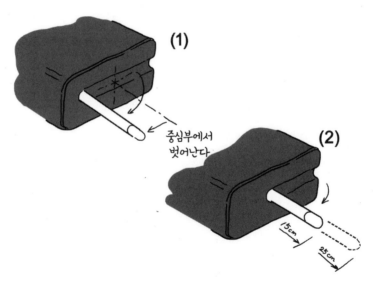

[그림 2-20] 다리 1개일 경우 길이가 모자라는 문제를 어떻게 해결해야 할까

치하게 하면서 25센티미터의 길이를 유지해야 한다'라는 난제에 봉착하게 된다. 다리 1개로 지탱할 경우 무게가 팔에 몰리지 않기 때문에 편하다는 아이디어를 어느 정도 형태로 만들긴 했지만, 이번엔 이를 실현하기 위한 아이디어를 고민해야 한다.

난제에 대한 아이디어를 모두 함께 고민한다

경첩을 한가운데에 설치할 경우 그대로 회전시키는 식이라면 최대 15센티미터 정도의 길이가 한계로 너무 낮아진다. 회전시켜서 꺼내는 다리의 길이에 대한 조정이 필요하다. 하지만 길이 조정은 간단하지 않다.

다리를 가방 안에 수납하는 방법을 취한다면 가방 본래의 수용 능력을 감소시키므로 아무래도 바닥 부분에 수납하는 편이 낫다. 그러나 중심부에 경첩을 설치하면 25센티미터나 되는 길이를 확보할 수 없다. 이번에는 그 문제를 어떻게든 해결해야 할 필요성이 생긴 것이다. 아이디어를 내다보면 이처럼 몇 차례나 모순에 부딪히게 된다. 반복적으로 아이디어를 내고 검증하는 것이다. 이것이 신제품 개발의 중요한 프로세스이다.

어쨌든 전체적인 균형을 고려하여 경첩을 가운데에 설치하기로 하자. 그럼 다리 길이를 25센티미터로 늘리는 방안에 대해 생각해 봐야 한다. 어떻게 할 수 있을까? 이 방안의 핵심은 다음과 같다.

'짧은 봉을 늘어나게 하여 고정할 수 있도록 할 것'

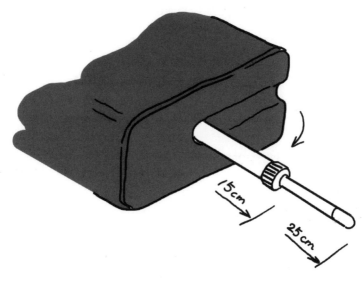

[그림 2-21] 신축식 방안

이와 유사한 것에 대해 생각하다 보면 해결에 다다를 수 있을지 모른다. 우리가 자주 접하는 것 중에 나사를 돌려서 슬라이드하고 고정하는 방식이 있다. 이를 그림으로 표현하면 [그림 2-21]과 같다.

이 방식을 활용한 사례는 주변에 많이 있다. 대표적인 것이 빨래건조대나 카메라 삼각대 등이다. 해결 방안을 수립할 때는 '주위에 있는 것을 응용'하고 참고하는 게 가장 간단한 방법이다. 이 방식을 채용하기로 했다면 장점과 단점에 대해 생각해 봐야 한다.

▼ 장점
  • 사용자의 키에 따라 높낮이 조정 가능

  • 나사를 돌려가면서 높낮이를 조정해야 하는 번거로움이 발생

  • 나사의 조임이 약한 경우 무게를 지탱하지 못할 가능성이 있음

  • 수납할 때도 나사를 돌려서 봉을 집어넣어야 함

상기 결과를 통해 보면 장점보다 단점이 많으므로 이 방법은 보류한다. 기타 어떤 해결 방법이 있을지는 추가적인 검증이 필요하다. 길이 조정을 할 필요가 없고 바닥에 수납이 가능하도록 하려면 [그림 2-22]와 같은 식으로 해야 할 것이다.

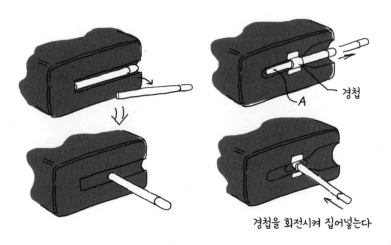

A   경첩

경첩을 회전시켜 집어넣는다

[그림 2-22] 길이와 중심을 동시에 해결하려면 복잡한 구조가 된다

[그림 2-22]의 왼쪽처럼 바닥에 수납된 다리를 일단 빼내어 중앙에 뚫린 구멍에 넣는 구조를 채용하면 어떨까. 이 방법으로 하면 길이는 확보되지만 다리를 빼낼 때가 번거롭다. 그리고 만약 수납할 때

다리가 떨어지면 큰일이 벌어질 것이다. 데굴데굴 굴러가는 봉을 황급하게 쫓는 모습을 상상해 볼 수 있다.

그럼 **빼내지** 않고 이런 형태를 취하는 방법은 불가능한 것인가. [그림 2-22]의 오른쪽처럼 중앙부에 분리 형태의 경첩을 달면 어떨까. 이 아이디어를 설명하자면, 다리를 붙잡아 일단 바깥쪽으로 잡아당긴 다음, 그대로 경첩을 세워서 중앙에 있는 구멍에 삽입하는 방식이다.

제품화는 가능할 것으로 보이나, 이 아이디어의 경우 경첩이 별도의 부품이라 추가적인 제조 공정이 필요하며 부품 수가 늘어서 원가도 상승할 가능성이 있다. 이를 고려하면 최선책이라고 하기는 어렵

[그림 2-23] 다리의 수납을 스마트하게 하고 싶지만

다. 게다가 [그림 2-23]에서 볼 수 있는 것처럼 다리를 빼거나 수납할 때의 동작을 상상해 보면 그렇게 매끄럽지 않다. 주위에 사람이 있으면 민폐가 될 수 있으며 '이상한 사람' 취급을 받을 수도 있다.

지금까지 시장 조사부터 시작하여 팀원들과 회의를 몇 번씩 거치고 시작품 제작 및 검증도 반복하였으나, 좀처럼 잘 진행되지 않는 것처럼 느껴지는데 이는 자주 있는 일이다. 아이디어 또한 상세 검토 단계에 진입하여 슬슬 도달점도 보이기 시작한 시점이지만, 시작품 단계에서 다리를 빼는 동작이 매끄럽지 못하다는 것을 알게 되었다.

이 시점에서 아이디어를 무리하게 진행하면 큰 실패로 끝나기 십상이다. 결과적으로 "좋은 아이디어이긴 한데, 누가 살까? 누가 쓸까?"라는 고민을 하게 될 것이다. 이 경우에는 용기를 내서 원점으로 돌아가는 것도 중요하다.

가방에 다리를 달고 이를 사용하여 서 있는 모습을 상상해 보자. 사람이 직접 들고 지탱하기 때문에 다리는 하나만 있어도 된다. 이 전제를 뒤집을 필요는 없을 것이다. 그럼 [그림 2-24]을 보면서 그 밖에 놓친 점이 없는지 점검해 보자.

정면에서 본 (1)을 봤을 때, 다리가 중심에 위치하지 않으면 지탱하기 어려우므로 이 또한 바꿀 필요 없을 것이다. 그럼 옆에서 본 상태인 (2)는 어떨까. 과연 전후 중앙에 다리를 배치할 필요가 있을까. 가령 (3)처럼 배치해도 충분할 수 있다. 그러면 등 쪽 부분을 활용할 수 있으므로 등 쪽에 수납한다는 아이디어가 떠오른다. 다리 위치를

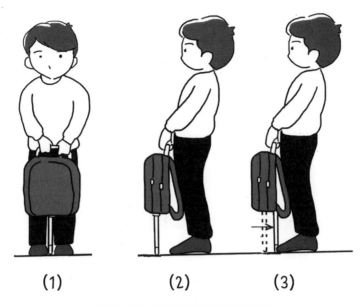

[그림 2-24] 다리의 위치에 대해 재고한다

바꾸기만 해도 이렇게 이미지가 바뀐다. 등 쪽을 활용할 수 있게 되면 길이 문제는 해소된다. 또한 바닥을 보는 듯한 동작도 취할 필요가 없다. 기본적으로 수납할 때는 다음 페이지 [그림 2-25]의 왼쪽에서 볼 수 있는 것처럼 하면 된다.

다음은 다리를 꺼내는 방법에 대해서다. 다음 페이지 [그림 2-25]의 오른쪽을 보자. 다리를 꺼내는 방식은 슬라이드식과 회전식 두 가지를 들 수 있다. 구조적으로 보면 스토퍼나 제조 방법 등이 다소 복잡할 수 있지만, 슬라이드식을 택할 경우 최대의 장점은 길이 조정이 가능하다는 것이다. 회전식의 경우에는 구조가 매우 간단하다. 경첩을 하나 달기만 하면 되고 그렇게 복잡한 구조가 필요하지 않다. 따라서 원가 절감이 가능하다는 장점이 있다. 하지만 경첩을 중심으로 회전하여 다리를 꺼내는 방식이므로 길이 조정이 어렵다. 길이 조정 여부와 원가 절감 중에서 더 중요한 것이 무엇인지 고려하여 결정한 후 시작품을 제작한다.

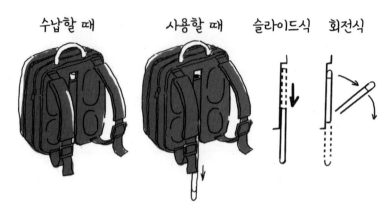

[그림 2-25] 스마트한 해결 방법

상기의 공정을 거쳐 시작품이 완성된다면 사용자 조사(유저 리서치, user research)를 진행한다. 실제 대상 고객을 모아 시작품을 보여주고 의견을 듣는 과정인데 대부분은 리서치 업체에 의뢰하여 진행한다. 기업에서 직접 타깃 고객을 모집하기 어려우니 프로에게 맡기는 것이 효율적이다. 사용자 조사를 할 때는 사전에 기업 이름을 밝히지 않는다. "○○사의 조사입니다"라고 사전에 말하게 되면 사용자가 해당 브랜드에 가지는 편견이 리서치 결과에 영향을 미치기 때문이다. ○○사를 좋아하는 사람도 있고 싫어하는 사람도 있기 마련이다. 브랜드를 밝히지 않고 진행해야 공정한 제품 조사가 가능하다.

제품 개발에서 고려해야 할 것

지금까지 관찰 및 공감 단계부터 테스트 단계까지 제품 및 서비스 개발의 흐름을 살펴봤다. 마지막으로 제품 개발에서 고려해야 할 요소를 몇 가지 더 소개하겠다.

① 판매가를 어떻게 설정할 것인가

이것은 매우 중요한 요소 중 하나이다. 얼마에 판매할지 정해야 원가를 어느 정도까지 들일 수 있는지 정해지기 때문이다. 대체로 판매가의 1/3에서 1/5 이내로 원가를 책정하는 것이 좋다.

② 소재는 무엇으로 할까

위 사례에서는 가방이므로 합성섬유나 인조가죽, 천연가죽 등을 들 수 있다. 다리는 목재나 금속 등이 적합하다. 어느 쪽이든 품질과 원가를 고려하여 판매가를 정한 다음 선택한다. 단, 원가 절감에 대한 의욕에 앞서 저렴한 소재만으로 구성하면 외관도 싸구려로 보일 수 있으며, 사용자의 구매욕을 자극하는 제품을 만들기 어렵다.

③ 디자인은 어떻게 할까

가방을 구매할 때 외관을 신경 쓰지 않는 사람은 드물다. 타깃이 여성이냐 남성이냐에 따라 디자인도 달라진다. 사용자 조사를 충분히 진행하고 타깃이 수용할 만한 디자인을 목표로 해야 한다.

④ 제조 방법은 어떻게 할까

제조 방법의 경우, 가능한 작업량을 줄이는 제조 방법을 택해야 한다. 작업량은 부품 수에 따라 결정된다. 될 수 있으면 부품 수를 줄이는 것이 원가에도 직접적인 영향을 미친다. 또한 부품에 수지 성형을 할 경우 성형 작업량도 큰 영향을 주게 된다.

이상, 제품 개발 절차에서 핵심적인 부분을 구체적으로 해설해 보았다. 실제로 제품 개발을 할 때는 더욱 복잡한 요인들이 얽혀진다. 현장에서는 끊임없이 아이디어 도출과 검증이 반복된 결과 제품이 만들어진다. 중간에 막다른 길에 다다르더라도 문제점에서 눈을 돌리지 말고 벽에 부딪히면 원점으로 돌아가야 한다. 무턱대고 밀어붙이면 안 된다. 변명으로 히트 상품을 만들어낼 수는 없다는 것을 늘 명심하길 바란다.

POINT 10

⇒ 테스트 및 검증 단계에서 새로운 문제가 발견되거나 나타나는 건 당연한 일이다.

⇒ '아이디어 도출→프로토타이핑→테스트' 프로세스를 여러 번 반복하면서 개선해야 최종 형태가 완성된다.

⇒ 상품화를 마치기 위해서는 아이디어뿐만 아니라 제조 공정, 스펙, 소재 등의 제작, 유통 비용 등도 고려해야 한다.

11장

시장의 피드백과
추가적 개선

고객의 피드백이 왜 중요한가

이 장에서는 제품 출시 및 서비스 도입 후 고객 피드백에 대해 고찰하고자 한다. BtoC와 BtoB 양쪽 모두 자사 제품 출시 및 서비스 도입후 고객이 만족했는지 여부를 파악하는 것은 다음 단계로 진행하기위해서 필요한 중요한 과정이다.

기업에서는 'PDCA 사이클'이라는 말을 쉽게 접할 수 있다. 여러분도 알고 있겠지만 P는 Plan(계획), D는 Do(실행), C는 Check(평가), A는 Act(개선)를 말한다. 이를 통해 고객이 자사 및 자사 제품을 어떻게 생각하는지 알 수 있다. PDCA 사이클은 활용 업무에 따라 계측기준이 달라진다. 제품 개발에 대한 PDCA도 있고 판매 계획을 위한 PDCA도 있다. 전자는 기획에서 제품 개발, 판매, 사용자 평가라는 흐름을 보며, 후자는 판매량과 매출 등의 숫자를 중시한다. 요컨대 PDCA는 지속적인 개선에 주안점을 두며, 제품 제공 후에 불만 사항이나 개선점을 수정하여 다음 신제품 개발에 활용하여 제품과 제품 사이를 연결하는 방법론이다.

PDCA보다 빠른 OODA 루프

그런데 변화가 가속된 최근에는 'OODA(우다) 루프'가 주목받고 있다. OODA 루프란 Observe(관찰), Orient(상황 판단), Decide(의사 결정), Act(행동)의 머리글자를 따서 명명된 것이다([그림 5-1] 참고).

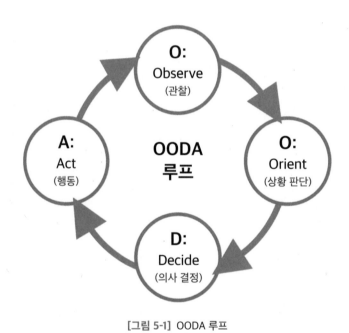

[그림 5-1] OODA 루프

원래는 전투기의 공중전에서 '의사 결정'을 하기 위해 만들어진

개념이나 지금은 비즈니스 및 스포츠 등 다양한 분야에서 활용되고 있다. OODA 루프는 일련의 활동 속에서 신속하게 반복하여 실행하는 것이 매우 중요하다. 상대를 관찰하고 상황을 판단하여 나아갈지 말지 결정하고 행동한다. 아니라고 판단했다면 곧바로 다시 관찰 및 상황 판단으로 돌아가서 결단하고 실행한다. 임기응변으로 반복 수행하는 것이 OODA 루프의 프로세스이다.

그런데 일본 기업은 아직 PDCA를 전제로 움직이는 것이 현실이다. 초기에는 계획Plan을 세우고 이를 실행하는 행동Do가 있으며, 말기에 조사 등을 통한 체크Check를 하고, 다음 행동Act으로 이어가는 이러한 흐름이 일반적이다. 그렇다고 지금 바로 OODA 루프로 전환하자는 소리는 아니다. PDCA 또한 중요한 지표라는 것은 틀림없는 사실이다.

하지만 PDCA의 흐름을 따라 진행하면서도 OODA 루프를 활용할 수 있다. 현재 필요한 것은 속도감을 살리면서 "제대로 분석해서 일단은 한번 해보자."라는 자세와 도전 정신이다.

OODA 루프는 3장(20페이지 참고)에서 언급한 디자인 씽킹 프로세스와 거의 동일하다. 가전제품의 예를 들자면, 사용자의 기호 및 생활 형태의 변화 속도가 갈수록 빨라지고 있다. 실제로 신제품 개발은 반년 사이클로 진행되며 짧을 때는 몇 개월 정도로 끝나기도 한다. 그런 상황에서 PDCA 사이클로 개발하면 따라갈 수가 없다. OODA 루프가 더 적합하다고 볼 수 있다. 비즈니스에서도 OODA 루프는 실리콘밸리의 기업들이 높은 수익성을 거두도록 한 방법론이다.

예컨대 여러분 모두가 소지하고 있는 스마트폰은 종종 소프트웨어 업데이트를 할 때가 있다. 물론 그것은 소프트웨어의 버전업이나 보안 강화 측면에서 이루어지는 경우가 많은데 가끔 '에러가 발생했습니다'라는 메시지가 표시되기도 한다. 스마트폰 등의 전파를 다루는 제품은 사용자에게 배송된 후에도 사용성에 대한 수정이 가능하다. 사실 TV도 수신 전파를 통해 비밀리에 소프트웨어를 수정하는데, 이를 처음 듣고 놀라는 사람도 많다. 디지털 방송 환경으로 인해 TV가 디지털화되어 업데이트가 용이해진 것이다. 디지털 시대에 접어들면서 모든 기기가 네트워크로 연결되었기 때문에 일단은 제품화를 하고 나서 수정해도 된다는 사실이 전파 이용 기기의 장점이기도 하다.

고객의 목소리를 수집한다 - BtoC의 경우

다시 평가^{Check}로 돌아가서, 기업은 제품 및 서비스를 제공한 후 어떤 식으로 고객의 목소리를 듣고 있을까. 물론 현장의 영업직으로부터 직접 청취하는 의견도 있지만, 정확성을 위해 일반적으로는 CS 조사(고객만족도조사)를 실시한다.

CS란 Customer Satisfaction의 머리글자를 딴 것으로, BtoB에서는 담당자가 직접 모니터링 가능하다. BtoC의 경우에는 설문조사를 통해 수집한다. 기존 고객에게 설문지에 응답을 요청하여 만족도를 집계하는 것이다. 일반적으로 BtoC에서는 제품에 동봉된 엽서나 온라인 등을 통해 만족도를 측정한다. 그리고 '고객 지원 센터'에 접수된 제품 문의나 불만 사항을 집계한다. BtoC든 BtoB든 집계된 의견을 분석하는 이유는 기업 브랜드에 큰 영향을 미치기 때문이다.

고객이 '신제품을 살지 말지'를 판단하는 데는 브랜드 이미지의 영향이 매우 크다. PDCA의 C와 A는 제품 자체에 대한 평가라기보다 기업의 브랜드 이미지에 대한 평가라고 해도 과언이 아니다. 예를 들자면 여러분이 신제품을 구매했는데 금방 고장이 나서 불만을 품고 고객 센터에 연락했다고 하자. 그때 담당 직원이 성실한 자세로 빠르게 대응해 주었을 경우, 그 기업에 대한 인상이 크게 나빠지지는 않을 것이다.

그런데 "고장의 원인이 고객님께 있는 것 같은데요"라는 말을 들었다면 어떨까. 물론 대놓고 표현하지는 않겠지만 그런 뉘앙스로 응대를 했다면, '이 회사 제품은 두 번 다시 안 살 거야'라고 생각할 것이다. 구입하자마자 고장이 났다면 고객의 분노는 이루 말할 수 없을 정도로 클 것이다. 그 상황에서 클레임을 거는 고객은 오히려 감사하다. 정말로 무서운 건 아무 말 없이 떠나가는 고객이다.

가전 등 공업 제품은 비싼 게 많아서 대체로 전화나 메일 등으로 문의를 하는데, 비교적 단가가 낮은 제품은 그렇지 않다. 예를 들어 수백 엔 정도 하는 보습 크림이 생각보다 효과가 없었다면 '이거 전혀 쓸모가 없네'라고 생각만 하고 클레임을 걸지 않는 많을 것이다. 만약 그 제품 자체에 문제 있어서 건강상의 피해를 입었다면 보상을 요구하는 전화를 할 수 있지만, 단순히 만족스럽지 않았다면 그 고객은 '두 번 다시 이 회사 제품은 안 살 거야'라고 다짐하고 조용히 떠나가게 된다.

이러한 소리 없는 외침을 수집하고 싶을 때 외부 리서치 업체를 고용하는 것이 일반적이다. 그러나 실제 조사를 할 때 제조사 이름을 미리 밝혀두면 해당 제조사에 대한 편견이 있을 수 있어서 정확한 정보를 입수하기가 어렵다. 따라서 제조사 이름을 숨기고 '요즘 어떤 회사 제품을 쓰고 있는가'라거나 '불만이 있는 점은 무엇인가', '요구 사항이 있다면 무엇인가' 등에 대해 공정한 평가 정보를 수집한다.

설문 조사를 진행하다 보면 장애가 일어난 것 자체에 대한 불만을 제기하는 고객은 별로 없다는 것을 알게 된다. 오류나 하자 등의 문제는 어떤 상황에서도 발생하기 마련이다. 그때 얼마나 빨리 잘 대응을 해줬는지가 중요하며, 그것이 '신뢰'로 이어지게 된다. 신뢰 없는 '지속'은 불가능하다. 이는 BtoB에서도 마찬가지로, 기존 벤더가 상주하고 있더라도 몰래 다른 벤더에게 상담하거나 협력을 요청하는 경우도 있다.

고객의 목소리를 수집한다 - BtoB의 경우

BtoB에서는 영업직이나 현장과 밀접한 엔지니어에게 직접적으로 클레임이 접수된다. BtoC와는 달리 만회를 위한 기회가 주어진다는 장점이 있지만, 여기서도 중요한 것은 빠른 대응능력이다. 아마 통상적인 업무에서도 마찬가지일 테지만, 업무 중에 어떤 실수를 범했다고 했을 때 가능한 빨리 대응하고 사과하는 것이 당연하다. 피해를 입은 쪽에서 화가 나서 메일을 보냈을 때도 이를 메일로 회신하기보다 바로 전화를 걸어 사죄하는 것이 낫다. 아니, 곧바로 달려가서 직접 만나 사죄하는 것이 효과적일지 모른다. 아무래도 '성의'가 가장 중요하기 때문이다. 만약 불성실한 대응이 거듭된다면 상대방이 '두 번 다시 거기와는 일 안 할 거야!'라고 생각하는 상황이 된다.

기업에 근무하며 발주 업무 경험이 있는 사람은 짚이는 바가 있으리라 생각한다. 뭔가 문제가 발생했을 때 발주처 담당자의 대응이 느릴 경우, 담당 영업직의 이름을 대면서 "○○씨 못 쓰겠어"라고 하는 사람보다 "□□회사 못 쓰겠어"라는 사람이 더 많을 것이다.

이는 조금 전 BtoC 사례와 마찬가지다. 신제품을 구입했는데 하자가 있어서 고객 센터에 연락했더니 불성실하게 대응했다면, 여러분은 그 제품명이 아니라 '이제 □□회사 제품은 안 살 거야!'라고 생각할 것이며, 바로 기업 브랜드 가치 자체가 실추하는 순간이다. 아마 다음번에 신제품이 나왔더라도 □□ 회사의 제품 구매는 생각하지 않을 것이다.

브랜드는 고객 대응을 통해 형성된다

'브랜드는 광고를 통해 만들어진다'라고 생각하는 사람이 많을 것이다. 하지만 지금까지 본 것처럼 브랜드는 고객 접점에 있는 '사람'이 만들어 가는 것이다. 브랜드를 구축하는 것은 어려운 일이지만 추락할 때는 한순간이다.

BtoC든 BtoB든 기업에 있어서 CS 조사와 더불어 브랜드 조사 또한 중요하다. 브랜드 조사는 경쟁사와의 비교도 함께 진행하기 때문에 전문 조사 업체에 의뢰하는 경우가 많다.

최근에는 SNS 등의 게시글 또한 살펴야 한다. 때로는 게시글이 기업의 명줄을 좌우하기도 한다. 가전제품에 대한 악플이 잔뜩 달리는 경우는 잘 없지만, 세제나 화장품 등의 생활소비재와 식품을 취급하는 회사는 입소문이 나기 쉬운 매체로서 SNS를 중시한다.

BtoB 비즈니스의 경우 CS 설문조사를 살펴보면 몇 가지 경향을 알 수 있다. 긍정적인 의견으로는 '우리 회사를 잘 이해하고 지원해 주었다', '적극적으로 제안해 주었다', '문제가 생겼을 때 신속하게 대응해 주었다', '요청한 건에 대해 빠르게 대응해 주었다' 등이 나온다. 이들을 보면 알 수 있듯이, 제품 자체에 대한 의견보다 '사람'에 대한 평가가 많다.

부정적인 의견을 보면, '요청 사항을 바로 해결해 주지 않는다', '우리 회사에 대해 잘 모른다' 등, 긍정 의견과는 정반대이다. 즉 발주처와 지속적인 관계를 유지하려면 고객사에 대한 이해와 적극적인 제안, 끊임없는 소통, 그리고 속도감이 중요하다는 것을 알 수 있다. 커뮤니케이션이라는 관점에서 우수한 영업 사원은 부지런하게 다니면서 정보 교환을 하여 항상 새로운 정보를 입수한다. 그럼 실제로 어떻게 하면 될까.

필자가 업무를 함께하는 주식회사 지쿠조의 대표이사 이시카와 타카시 씨에게서 들은 이야기를 소개하겠다. 이시카와 씨는 오랜 기간 BtoB 영업을 하였으며 지금은 주로 제안 컨설팅 업무를 하고 있다. 그는 고객과 대화 후 '지금이 제안할 기회'라고 생각하면 재빨리 자료를 정리하여 초안 형태로라도 고객에게 보여준다고 한다. '완성도가 60% 정도일 때 오히려 지적할 부분도 많아서 더 좋다'는 것이다. "전에 말씀하셨던 것을 조금 정리해 봤는데 한번 만나서 봐주시겠습니까?"라고 말해서 거절당한 적이 단 한 번도 없다고 한다. 만약 제안을 받는 입장이라면, 바로 며칠 전에 이야기했던 내용을 정리해서 보여준다고 했을 때 '그렇게 빨리?'라고 놀람과 동시에 기분도 나쁘지 않으니 거절할 이유가 없을 것이다.

고객사가 현 시스템의 노후화로 인한 교체를 주제로 경쟁입찰을 실시하는 경우도 있는데, 실제로는 기존 벤더에 대한 불만이 있어서 입찰이라는 수단을 이용하여 기존 벤더와 관계를 정리하려는 생각일 때가 있다. '요청한 것을 바로 처리해 주지 않는다', '우리 회사를 잘 모른다' 등의 이유로 '□□회사 못 쓰겠어'라는 생각을 했다면, 원인은 대체로 직접 고객과 접하고 있는 '사람'에 있다. 그런 인상을 받았을 경우 십중팔구는 다음 발주 건을 따내기 불가능하다. 이시카와 씨처럼 평소에도 긴밀히 소통을 취하고 신뢰를 획득한다면 수주를 할 확률은 훌쩍 오르게 될 것이다.

사고 대응으로부터 생기는 기업 신뢰

1995년 PL법(제조물책임법)이 시행되었다. 제품의 하자로 인한 구매자 손해가 발생할 경우에 대한 제조업자 등의 손해 배상 책임을 정한 것으로, 제조사 입장에서 보면 매우 엄중한 법률이다. 제품과 서비스를 제공하는 기업은 그런 책임을 부담해야 하며, 팔리면 끝이라는 생각을 해서는 안 된다. BtoB의 경우에는 BtoC 만큼 고객과의 접점이 가깝지 않기 때문에, 만약 제품에 하자가 있다고 해도 큰 사고로 발전하지 않는 한 표면적으로 잘 드러나지는 않는다. 있어서는 안 될 일이지만, 만약 인체에 영향을 미칠 수 있는 하자가 발생했다고 하면 이때 얼마나 신속하고 성심껏 대응했느냐에 따라 기업의 신뢰도가 변화한다.

지난 2005년, 마츠시타전기(현 파나소닉)가 1985~1992년 사이에 제조한 석유 히터의 하자로 인해 사망자가 발생한 안타까운 사고가 일어났다. 이때 파나소닉이 가장 먼저 취한 행동은 사죄였다. 그리고 모든 광고를 사죄 및 제품 회수, 주의 환기 등의 내용으로 교체하였다. 이 사건은 틀림없이 파나소닉에게 있어 큰 손실이었으나 그런 손실과는 무관하게 인명을 가장 중시한다는 자세를 갖고 신속히 회수와 주의 환기를 진행했다는 점에서 기업의 진심 어린 태도를 보여준 사례라 할 수 있다.

고속화하는 개발 프로세스

예전에는 아이디어를 정교하게 모형화하여 프로토타입을 만든 후 사용자에게 사용감에 대해 정성 조사를 실시하였는데, 아이디어 도출에서 조사까지의 시간이 꽤 오래 걸렸다. 그러나 시장의 속도가 빨라진 지금은 그럴 시간이 없다. 습작 수준이라도 상관없으니 가능한 빨리 형태화하여 사용자에게 보여주고 의견을 청취하여 선호도를 파악해야 한다. 사용자의 기호와 부합하지 않을 때는 아이디어를 다시 고민하고, 진심으로 '갖고 싶다'라는 마음이 들도록 하는 제품 및 서비스를 신속하게 만들어 가야 한다.

그래서 BtoC 제품 및 서비스 개발에서는 온라인 조사 및 설문 등의 정량 조사와 더불어 정성 조사도 실시한다. 정성 조사는 리서치 회사에 위탁하여 피험자를 한 장소로 모이게 한 후 기업명을 숨기고 다양한 질문을 하여 응답을 받는 방법으로 진행된다. 이 조사는 상당히 오래전부터 실시되어왔으나, 지금은 아이디어 도출 전 단계에서 UX 관점을 적극 도입한 정성 조사를 할 때가 많다.

극단적인 표현을 하자면 예전에는 눈앞에 프로토타입을 제시하고 '좋다' 혹은 '싫다' 등의 제품 자체에 대한 느낌만 물어보았는데, 지금은 우선 정량 조사에서 나온 고객 선호도를 기반으로 아이디어를 도출하고 이를 통한 구체적인 생활 변화와 가치를 정성 조사 피험자(사용자)에게 제시한다. 때로는 이야기 형식으로 보여주는 경우도 있다. 그리고 사용자에게 자신의 생활에 그 아이디어를 적용했을 때 가치를 느끼는지 여부를 판단하도록 한다.

예를 들어 가전제품의 경우에는 '가전제품 비평가'라는 사람들이 있다. 평소에도 집안일을 하면서 가전제품을 다룰 기회가 많은 주부나 가전제품을 좋아하는 '매니아' 등이 다양한 제조사의 제품을 직접 구매하고 사용한 다음에 좋은 점과 나쁜 점을 온라인에 게시하는 것이다. 이들은 제조사로부터 직접 보수를 받지 않고 공정하게 조사하여 공표하므로 일반 소비자로부터 큰 신뢰를 얻고 있다. 요즘은 제조사로부터 평가해 달라는 요청도 온다고 하며, 제조사의 편을 드는 것이 아니라 기탄없는 의견을 개진하여 실제 제품 개발에 반영하기도 한다. 또, 앞으로 출시할 제품에 대한 평가를 받기 위한 HUT(Home Use Test) 조사라는 것도 있다. 실제 사용자에게 매일 기기를 사용해 보도록 하고 보고서를 받는 방식이며, 보고서 1장당 얼마간의 보수를 지불하고 솔직한 의견을 받아 이를 제품화로 연결하는 것이다.

공업 제품을 취급하는 회사는 금형이나 부품 조달이 선행하므로 일단 양산이 시작되면 되돌릴 수가 없다. 따라서 사전 조사를 통해 얻은 정보를 정리하고 분석하여 최종적인 판단을 내리고 시장에 출시한다.

한편, 인터넷을 통해 서비스를 제공하는 회사의 경우 사용자 관점에서 정말로 필요한 것은 무엇인지, 사용자가 행복을 느끼는 부분이 어디에 있을지 조사한다. 그리고 가능한 빨리 결단을 내리기 위해 임원진도 조사 현장에 동석하여 그 자리에서 의사 결정을 하는 경우도 있다고 한다. 공업 제품에 비해 '안 되면 관두고 궤도를 수정하자'라는 식의 의사 결정이 용이한 회사라서 그럴 수도 있지만, 공업 제품이라고 해서 시간을 들여 생각하는 시대는 이제 지났다고 말할 수 있다.

반면에 여전히 일본의 기업들은 디자인 씽킹이나 UX 관점을 조사에 적용하는 데 부담을 느끼는 것 또한 사실이다. 특히 꾸준히 잘 팔리는 고수익 제품을 보유한 기업은 '사용자의 기호'나 시장의 요구를 고려하지 않고 회사의 기술력만 전면으로 내세우는 식의 제품 개발이 많다. 그러나 지금은 상품과 서비스가 차고 넘치는 시대이며 만들면 팔리던 예전과 다르다. 전문가나 사내의 중진, 그리고 기술자가 아니라 사용자의 목소리가 진정한 주인공이다. 그 목소리에 성심성의껏 귀를 기울이고 제품 및 서비스를 제공하는 기업이 앞으로도 살아남게 될 것이다.

또한 사내에 과거에 성공을 거둔 사람이 있으면 그 사람의 의견에 끌려가는 경우도 왕왕 있다. 그것이 무조건 틀리다는 뜻이 아니다. 결과적으로 좋은 방향으로 향하는 경우도 있기 때문에 전적으로 부정할 수는 없으나, 코로나 사태로 인해 이전에 경험한 적 없는 변화가 일어나는 지금, 기술과 과거 경험만 갖고서는 살아남기 어렵다. 그럼 사내의 반대 세력을 어떻게 설득하면 좋을까. 일본의 기업은 아무래도 성공 경험이 모든 것을 대변한다. 일단 작은 것에서부터 성공 경험을 창출하고 이를 기반으로 사내의 이해를 넓혀가고 '납득'하도록 만드는 것이 하나의 방법이 될 수 있다.

시장에서 잘 팔리고 있는 제품에 대해 조사하고 이를 모방하기만 하면 새로운 것을 만들어 낼 수 없다. 우위를 점하기 위해서는 디자인 씽킹과 UX 관점을 도입하여 사용자의 인사이트에 부합하는 아이디어를 도출해야 한다.

POINT 11

⇒ 시장에 투입한 제품 및 서비스에 대한 고객의 피드백은 기업 브랜드 자체에 대한 평가이다.

⇒ 기업 브랜드는 최전선에서 대응하는 '사람'에 의해 형성된다.

⇒ 최근에는 개발 프로세스의 가속화로 아이디어 도출 전에 사용자 조사를 실시한다. 이때 고객의 '진정한 목소리'에 귀를 기울여야 한다는 것을 염두에 두고 개발에 임해야 한다.

PART 3

PM 업무를
위한 커뮤니케이션

12장

원활한 사내 커뮤니케이션

누구나 편하게 발언하는 팀을 만드는 법

이 장에서는 사내 커뮤니케이션에 대해 설명한다. 아이디어 도출 단계에서는 팀 빌딩과 운영이 중요하다. 좋은 아이디어를 떠올렸는데 창피함이 앞서서 발언하지 못하는 사람이 있다고 상상해 보자. 아마 그 사람은 '괜히 말했다가 바보 취급당하면 어쩌지…'라는 생각이 먼저 들었기 때문에 발언을 하지 못했을 것이다.

한편 자기 의견만 주야장천 늘어놓는 사람도 있다. 혼자 장시간 말하면 듣는 사람들은 질려버리고 전체적인 리듬도 어그러져 분위기를 망치기 마련이다. 누군가 좋은 아이디어를 말했다면 기세를 타고 이를 함께 키워 나가는 것이 이상적인 형태인데, 경쟁심이 우선하여 아이디어를 내고 보자는 사람이 있으면 의견만 양산될 뿐 발전하지 못하고 산만해지기 쉽다.

최악의 상황은 다른 사람이 발언할 때마다 부정하는 사람이 있을 때이다. 그런 사람이 있으면 전체적으로 발언하기 어려운 분위기가 되고, 발언량도 극단적으로 줄어든다. 다른 사람의 의견을 부정하는 사람을 관찰해 보면 아이디어를 일단 내고 보는 사람과 마찬가지로 '내가 좋은 아이디어를 내지 않으면 낭패다'라는 초조함이 있는 것처럼 보인다.

팀 토론 현장에서 자주 보이는 실패 사례는 아래와 같다.

▶ '포스트잇을 사용한다'는 형식에 얽매이는 바람에 자유로운 발상이 나오지 않는다.

▶ 퍼실리테이터가 없어서 모두가 하고 싶은 말만 한다.

▶ 자신의 아이디어를 고집하고 채용되지 않는 경우 불복한다.

▶ 승부욕에 사로잡혀 다른 사람의 좋은 아이디어를 부정한다.

▶ 아이디어의 수를 경쟁하는 '발산 단계'에서는 자유롭게 의견을 내게 하고, 모인 아이디어를 정리 통합하는 '수습 단계'에서는 정작 논리적으로 취사 선택을 하지 못한다(발산과 수습을 구분하지 못한다).

▶ 누군가가 발언한 좋은 아이디어를 주변에서 놓치는 경우가 많다.

▶ 아이디어의 씨앗이 될 만한 발언을 제대로 인식하지 못하는 사람이 많다.

자신이 낸 아이디어를 고집하지 않고 다른 사람이 낸 아이디어에 살을 붙여가면서 모두 함께 완성해 나가는 것이 속도도 빠르며 품질도 좋아진다. 필자는 입버릇처럼 "그렇군요, 알겠어요", "좋은데요~", "그럼 좀 더 이렇게 하면 어떨까요?"라고 말한다.

그리고 팀 분위기를 망치지 않으려면 맨 처음에 '5가지 규칙'을 공유해 두는 편이 좋다.

아이디어 도출을 위한 5가지 규칙

① 말을 하지 않으면 모른다, 일단은 공유하자.

② 장광설이 아니라 짧고 간결하게 말하자.

③ "좋은데"라고 하면서 살을 붙여가자.

④ 일단은 그려보자. 모든 것을 그림으로 표현하자.

⑤ 다른 사람의 의견을 부정하지 말자.

위 규칙을 사전에 전달해 놓으면 누군가가 부정적인 말을 하거나 말하기 창피해 하는 사람이 있을 때 "5가지 규칙을 떠올려주세요." 라고 주의를 줄 수 있다. 그러나 나중에 지적하면 "그런 말을 언제 했어."라며 분위기가 심각해질 우려가 있다. '5가지 규칙'을 염두에 두면 아이디어 도출 과정은 크게 변한다.

필자는 퍼실리테이터를 하면서 언뜻 시시해 보이는 의견 속에도 흥미로운 아이디어로 발전할 만한 부분이 있을 수 있다는 것을 알게 되었다. 이것을 감지해 내려면 상당한 경험이 필요하다. '직감'이라고도 할 수 있는데, 그러한 의견에는 '뭔가 걸리는 점'이 있기 마련이다. '직감을 얼른 갈고 닦아라'라고 하긴 어렵지만, 다른 사람의 의견을 진지하게 받아들이고 '만약 내가 사용자·고객이면 어떻게 할지'에 대해 생각하는 것이 힌트가 될 수 있다.

참가자의 유형과 대책

자신과 다른 의견이 나올 때도 있다. 그럴 때 "하지만", "그래도"라고 하면서 정면에서 반박하는 것은 좋지 않다. 먼저 상대방의 의견을 수용하는 것이 중요하다. 이때는 "그렇군요"라는 말이 편리하다. 상대방에게 '내 의견을 받아들여 줬어'라는 인상을 남길 수 있고 기분을 상하게 하지도 않는다.

팀에는 다양한 사람들이 참가하고 있으며 유형도 제각각이다. 이들을 분류해 보면 아래 4가지 유형으로 나누어진다.

① 자기주장이 강한 사람

자기주장이 강한 유형은 자신의 주장을 어떻게서든 관철하려 한다. 자신의 아이디어를 밀어붙이기 때문에 타인의 의견에 대해서는 부정적이다. 하지만 논리적으로 말을 하면 대체로 납득하는 유형이기도 하다.

② 부정적인 사람

자기주장이 강한 사람과 비슷하면서도 다른 유형이 부정적인 유형이다. 이들은 다른 사람의 의견을 전적으로 부정하는 습성이 있다. 자기주장이 강한 유형과 부정적인 유형이 함께 있으면 전체적인 분위기가 나빠지고 계속 방치해두면 팀 분위기가 험악해진다. 그렇지만 부정적인 유형은 '내가 뭐라도 아이디어를 내야 하는데'라고 초조해하는 것 또한 사실이다. 그래서 자신이 좋은 아이디어가 없을 때는 다른 사람의 의견을 부정하는 것이다.

③ 자기주장이 서투른 사람

자기주장이 서투른 유형은 회의에 있어도 기본적으로 침묵을 지킨다. 주위의 흐름에도 연연하지 않고 입을 다문 채 다른 사람의 의견을 듣는 경우가 많다. 그렇다고 자신의 의견이 없는 것은 아니다. 말할 타이밍을 놓치거나 자신이 없어서 발언을 하지 못하는 것이다.

④ 어서티브(상대를 배려하면서 자기주장을 하는) 유형

어서티브Assertive 유형은 다른 사람들의 의견을 듣고 자신의 생각 또한 분명히 전달할 수 있으며 퍼실리테이터도 담당 가능한 사람이다. 이런 사람이 퍼실리테이션 능력을 습득하면 각 단계마다 모든 사람의 의견을 취합하기 수월해진다. 이들이 외부 퍼실리테이터와 다른 점은 구성원 중 한 명으로서 아이디어를 내는 역할도 있다는 것이다.

만약 당신이 퍼실리테이터 역할을 맡았을 때 부정적인 유형이 팀 내에 있는 경우 어떻게 대처하면 좋을까. 일단은 그 사람의 의견을 수용한다. "그렇군요, 그런 식으로 생각할 수도 있겠네요"라고 하는 것이다. 그리고 곧바로 "○○씨는 지금 의견에 대해 어떻게 생각하십니까?"라고 다른 사람의 의견을 묻는다. 부정적인 사람이 내뱉은 의견에 대해 '다른 사람은 다르게 생각한다'라는 것을 명확히 공유하면, 부정적인 사람은 '내 의견이 틀렸다'라는 사실을 자각할 수 있다.

한편, 혼자서 생각하는 것을 좋아하고 함께 토론하는 것이 서투른 사람도 적지 않다. 그런 사람에게 억지로 아이디어를 제시하도록 강요할 필요는 없다. 현장에서 나온 의견을 일단 수용하게 하고, 다음 회의 때 이를 승화시킨 아이디어를 내도록 하면 된다.

아이디어를 형태로 만들어 가는 과정에서는 '토론이 항상 필요하다'라고 생각해야 한다. 아이디어를 도출하는 단계, 프로토타이핑 단계, 제조 방법을 검토하는 단계에서도 토론이 필요하다.

그림을 그려서 공유한다

다음으로는 '그림을 그리는 것'이 중요하다. 내 경험상 시끌벅적하고 화이트보드 등에 그림을 그리는 팀에서 좋은 아이디어가 잘 나오는 경향이 있다. 시끌벅적하지만 그림을 그리지 않는 팀과 어떤 점이 다를까.

말만 하고 그리지 않으면 좋은 아이디어가 나왔더라도 바로 사라져 버릴 가능성이 크다. 뭐든지 그려보는 습관을 들이면 모두가 이에 주목하면서 토론이 전개되므로 방향성도 어긋나지 않고 살을 붙여갈 수 있는 상황을 연출할 수 있다. 그림을 보면 참가자들의 우뇌도 자극할 수 있으니 모쪼록 해보길 권한다.

여기서 간단하게 그림 그리는 방법을 소개하겠다. 평소에도 그리는 연습을 해두면 여차할 때 막힘없이 그릴 수 있게 된다. '그건 알겠는데 내가 워낙 그림을 못 그려서~'라고 생각하는 사람이 있을지도 모르지만, 누구나 쉽게 그림을 그리는 방법을 일부 소개하도록 하겠다. [그림 3-1]과 [그림 3-2]를 보자.

[그림 3-1] 다양한 '사람' 이미지

그림을 보면 이해하겠지만, 동그라미와 선만 조합해도 다양한 표정을 연출할 수 있다. 또한 빌딩과 집, 탈것들도 동그라미와 선으로 표현할 수 있다는 것을 알 수 있다. 이들은 일부에 지나지 않지만 최

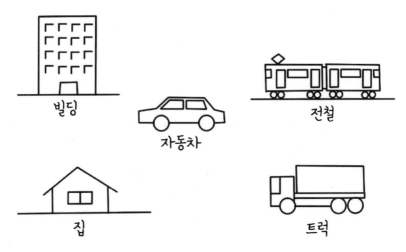

[그림 3-2] 건물과 탈 것 이미지

소한 사람과 빌딩을 그릴 정도만 되도 토론할 때 편리하다.

커뮤니케이션을 할 때 '그리는 것'이 중요하다고 하였는데, 실제 사내 회의 때 보면 자료를 놓고 시종일관 입으로만 토론을 벌이는 경우가 많다. 그래서 필자는 반드시 화이트보드 등에 그리면서 진행한다. 재미있게도 화이트보드 등에 그림을 그리면 사람들은 그것을 보면서 이야기를 하기 시작한다. '저것' 또는 '이것'이라고 말하면서 화이트보드라는 반상 위에서 토론을 하게 되는 것이다.

요컨대 토론이 곁다리로 빠지는 것을 최소한으로 줄이고 방향성을 한곳으로 모을 수 있는 것이다. 심지어 자발적으로 일어나 화이트보드 마커를 드는 사람도 나타날 수 있다. 여러분이 평소에 하는 회의의 모습은 다음 페이지 [그림 3-3]의 우측인가, 좌측인가.

그리지 않는 경우

그리는 경우

- 기억에 남기 쉽다
- 되돌아볼 수 있다

[그림 3-3] 그림으로 그리면 아이디어 도출이 더 용이하다

'쓴다'고 하지 않고 '그린다'고 한 이유는 가능한 그림을 넣어서 표현하는 것이 중요하며 절대적인 효과를 거둘 수 있기 때문이다. 구두로만 소통을 진행하면 미묘한 어긋남이 있더라도 그대로 넘어가 버려서 나중에 '이게 아닌데'라는 결과가 나오는 경우도 많다.

그럼 실제로 문자로 썼을 때와 그림을 그렸을 때를 비교해 보자. [그림3-4·3-5]는 2019년 10월 소비세 증세 때 간편결제를 한 경우의 포인트 환원 정책에 대해 표로 나타낸 것이다. 뉴스와 신문 등에서 화제가 된 바 있어서 기억하고 있으리라 생각한다. 이때 소비세 증세를 진행하고자 하는 재무성과 간편결제를 촉진하고자 하는 경제산업성 사이에서 토론이 벌어진 결과, 증세와 함께 기간 한정으로 포인트 환원을 하는 쪽으로 추진하게 되었다.

[그림 3-4]는 글자만으로 표기하고 [그림 3-5]에서는 그림을 많이 활용하였다. 한눈에 봐도 [그림 3-5]가 더 알기 쉽고 기억에 남을 것

소비세 증세와 동반한 포인트 환원

소비세 증세 개시

간편결제를 할 경우 2~5% 환원(포인트)

- 왜 그렇게 되었을까? 모처럼 증세를 했는데…
- 포인트는 누가 부담하는 것인가? 재원은?

애초에 소비세 증세는 사회보장 유지를 위해 재무성이 주도하여 추진해 왔다. 그러나 경제산업성이 경제 위축을 우려하였으며 다른 나라에 비해 10년 뒤처진 간편결제를 촉진하기 위한 좋은 기회라고 생각한 것이다.

결과적으로 소비세는 10%로 올라가지만,
정부가 간편결제에 2~5% 포인트를
환원하는 정책을 결정(단, 기간 한정으로)

[그림 3-4] 텍스트로만

[그림 3-5] 간단한 그림을 넣음

이다. 필자는 이를 '낙서 커뮤니케이션'이라고 부른다. 그야말로 낙서 하는 감각으로 경쾌하게 진행하는 것이 중요하다.

'PART 2 프로덕트 개발의 흐름'에서 프로토타이핑(81페이지 참고) 의 예를 들었는데, 형태화하여 나타내는 것 또한 소통의 한 방법이 다. 인간은 구체적인 시각 자료가 있을 때 이해를 더 쉽게 한다. 실제 로 물건을 만들어 내는 것만이 프로토타이핑은 아니다. 화이트보드 에 그리면 토론을 촉진할 수 있다. 나도 제품의 구체화 방안을 검토 할 때 설계자와 조립 방식이나 비용 절감 등에 대해 화이트보드를 보 면서 주고받은 적이 있다. 그 모습은 [그림 3-6]과 같았다.

그림을 그리면 더 효과적이라고 했지만, 지금은 코로나 사태로 인 해 원격 근무가 보급되어 화이트보드를 활용할 수 없는 상황이다. 원 격 근무와 화상 회의가 진작 도입되었으면 좋았겠지만, 이전까지는 실제 현장에서 회의가 주류였기 때문에 원격 상황에서의 소통에 대 해 진지하게 생각하지 않은 것으로 보인다.

'그림으로 나타내는 것이 중요하다는 것을 역설했지만 원격 근무 상황에서는 화이트보드를 이용할 수 없잖아', '원격으로는 어떻게 하 면 될까?'라고 생각하는 사람도 있을 것이다. 하지만 원격 환경에서 도 화이트보드처럼 활용 가능한 소프트웨어가 무척 많다. 마이크로 소프트 팀즈Microsoft Teams에도 그 기능이 있으며, 마이크로소프트 화이 트보드Microsoft Whiteboard라는 소프트웨어도 있다. 원격 근무 환경에서 화이트보드에 글을 쓰듯이 사용할 수 있는 것이다.

다만 한 가지 문제가 있다. 소프트웨어로 그림을 그리려면 펜 태 블릿Pen tablet이 필요하다는 점이다. 그렇지만 펜 태블릿을 소지한 사

[그림 3-6] 낙서 커뮤니케이션을 통해 공유 및 아이디어 도출이 더 쉬워진다

람은 그리 많지 않다. 그래서 필자가 고안한 것이 '스탬프 커뮤니케이션Stamp communication'이라는 도구이다(다음 페이지 [그림 3-7] 참고). 도구라고는 하지만 실은 파워포인트를 화이트보드 대용으로 활용할 수 있도록 시행착오를 거쳐 만든 것이다. 사전에 사람이나 빌딩, 화살표, 탈것, 지도 등 필요한 그림을 준비해 둔다. 문자는 직접 타이핑을 하면 된다. 스탬프처럼 덕지덕지 붙이는 식이라서 '스탬프 커뮤니케이션'이라고 명명하였다. 파워포인트는 대부분의 기업이 보유한 소프트웨어이며 사용할 줄 아는 사람도 많아 진입장벽이 낮은 편이다. 펜 태블릿이 필요 없다는 것이 무엇보다 큰 장점이며, 스탬프로 쓸 그림만 가지고 있다면 쉽게 활용 가능하다.

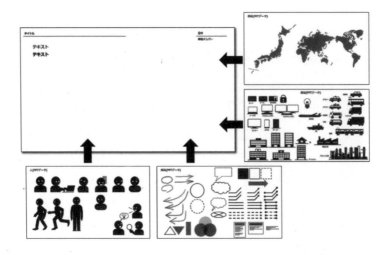

[그림 3-7] 스탬프 커뮤니케이션 도구

사내 심의를 매끄럽게 넘어가는 방법

좋은 아이디어가 나온 다음에는 사내 심의를 거쳐야 한다. 그 아이디어가 정말 사업성이나 수익성이 있는지에 대한 심의가 열리는 것이다. 심의를 통과하기 위한 소통의 키워드는 '납득'이다. 이를 위해 이해하기 쉽도록 자료를 작성할 필요가 있다. 다음 페이지에 자료의 구성에 대해 정리해 놓은 표([그림 3-8])가 있으니 여러분도 모쪼록 참고하길 바란다.

자료 내용 중 '배경'이란 타깃 고객, 시장 동향 및 관련 법규(개정 정보를 포함) 등을 가리킨다. '문제'란 고객이 겪고 있는 문제를 말한다. 배경과 문제를 동일시하는 경우가 있는데, 문제는 고객이 처한 상황을 나타낸다.

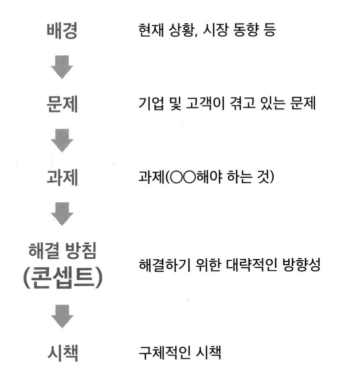

배경	현재 상황, 시장 동향 등
⬇	
문제	기업 및 고객이 겪고 있는 문제
⬇	
과제	과제(○○해야 하는 것)
⬇	
해결 방침 (콘셉트)	해결하기 위한 대략적인 방향성
⬇	
시책	구체적인 시책

[그림 3-8] 자료 구성 포인트

다음으로 '과제'는 고객이 '○○해야 하는 것'을 뜻한다. '문제'와 '과제'를 혼동하는 사람이 많으나 조금 다르다. 예를 들어 건강 검진에서 콜레스테롤이 높은 것으로 나와 의사에게 주의하라는 말을 들었다고 하겠다. 이 경우 문제는 '콜레스테롤이 높다'이다. 그리고 접대성 음주가 많고 연일 과음을 해서 일 년 동안 10킬로그램도 넘게 살이 찐 것이 배경이라고 하자. 이 경우 '과제'는 '다음 검진 때까지 살을 빼고 콜레스테롤도 낮춰야 한다'가 된다.

그리고 '해결 방침'은 과제를 해결하려면 어떤 방향성과 콘셉트를 갖고 임해야 할지 정하는 것이다. 이를 실행하는 것이 '시책'이다. 배경과 문제를 고려했을 때 과제를 실현하기 위한 시책은 어떤 것이 있을까. 예를 들어 '술을 줄이고 적당한 운동을 한다'가 될 수도 있고, 더 구체적으로 해서 '술은 2잔만 마시고 엘리베이터나 에스컬레이터를 가급적 이용하지 않으며 계단으로 이동한다' 같은 것이 될 수도 있다. 이것이 구체적인 시책이다.

상사의 수정 지시에 대한 대응

'사내 커뮤니케이션' 측면에서 봤을 때, 부하 직원의 시간을 헛되이 낭비하게 만드는 상사나 리더들이 있다. 예를 들어 회의 등에서 상사가 자신과 다른 의견을 냈을 때 애매하게 '숙제'라고 받아들이지 않아야 한다. 일단 보류가 되면 나중에 이를 다시 조사해 보고 검토하여 답변해야 하므로 불필요하게 시간이 들어간다. 따라서 가능한 숙제를 남기지 않도록 하며, 그게 어려울 때는 그 자리에서 '어떤 의도로 말을 하였는지' 물어보고 의문점을 명확히 해두어야 한다.

또한 그때그때 말하는 것이 다른 상사도 왕왕 있다. 전에 말했던 것을 까맣게 잊어버리는 유형이다. 맨 처음 만든 자료가 반려되어 수정하여 제출해도 다시 반려되는 등, 몇 차례 실랑이를 벌인 결과 처음 내용으로 돌아오면 최악의 결과가 아닐 수 없다. 그런데 정작 본인은 까맣게 잊고 한술 더 떠서 '이 친구는 수정만 몇 번씩 해야 하고, 못 써먹겠네', '내 덕에 그나마 잘 고쳐졌다'라고 생각하는 경우도 있다.

실은 이럴 때 간단한 대처법이 있다. 수정 지시가 나오면 두 번째 자료를 설명할 때 "○○부장님 말씀대로 수정했습니다. 한번 봐주시기 바랍니다."라고 한마디 덧붙이면 된다. "○○부장님의 지시대로 이 부분은 이 그림으로 변경했습니다."라고 할 수도 있다. 만약 이런 상사가 있으면 너무 노골적이지 않은 정도로 시험해 보기 바란다.

부서 간 커뮤니케이션도 신뢰 관계가 기본

BtoB든 BtoC든 '제안 측'에 있는 기획부서, 디자인부서, 연구부서와 '수익 관리'를 하는 설계부서와의 치열한 대항전 끝에 제품이 완성된다. 제안 측은 제안 콘셉트에서부터 구체적인 제품상까지 제시하여 설계부서를 납득시켜야 한다. 이에 반해, 설계부서는 원가를 고려하여 제품화가 어떻게 진행되는지 검토해야 한다.

제안 측은 설계부서가 처한 사정을 읽어내야 한다. 원가를 고려하지 않은 제안을 해놓고 설계부서가 반려하니까 '설계부서는 구제불능이다'라고 낙인을 찍는 사람도 있다. 설계부서도 물론 실현하고자 하는 마음은 강하지만, 수익성을 중시하기 때문에 원가를 무시한 제안을 받아들일 수 없는 것이다. 하지만 원가만 너무 신경 쓰다 보면 시장 우위를 갖춘 제품을 만들기 어렵다.

제품 개발에서는 제안 측과 설계 측이 충분한 소통을 취하고 서로 납득할 만한 지점을 발견하는 것이 가장 중요하다. 만약 제안이 비용 증가로 이어진다면 제안 측에서 타협안을 준비해 두어야 하며, 설계 측 또한 제안 의도를 파악하여 대체안을 검토해야 한다. 이를 위해 중요한 것이 시장 동향 분석이다. 필자는 기술이나 재료 관련 전시회에 자주 방문하는데, 신기술이 새로운 표현으로 이어지는 것도 있지만 비용 절감으로도 연결될 수 있기 때문이다.

　필자는 사내 커뮤니케이션에서 가장 중요한 것이 서로의 신뢰 관계라고 생각한다. 일방적으로 우리 쪽의 요청만 밀어붙이는 것이 아니라 상대의 입장을 이해하고 서로 합의점이 될 만한 정보를 미리 입수해 두면 상대방도 '그 정도까지 알아봤으면 어디 한번 같이 해보자'라고 생각하게 될 것이다.

POINT 12

⇒ 다른 사람의 의견을 부정하지 않고 다양한 의견을 내게 하는 것이 중요하다.

⇒ 그림으로 표현하면 대화가 시각화되고 좋은 아이디어가 더 잘 나온다.

⇒ 사내 커뮤니케이션은 타 부서의 입장을 고려하여 진행해야 한다.

13장

고객과의 커뮤니케이션

고객을 알고 밀접한 관계를 갖는다

BtoC 안건인 경우

필자는 디자이너로서 BtoC 비즈니스 영역의 수많은 제품 개발에 관여하였다. 한편 홍보부서 소속으로 TV 및 신문 광고 업무를 담당하는 귀중한 기회도 얻었다. 그 경험으로부터 '고객을 아는 것의 중요성'을 배웠는데, 이는 제품 개발을 할 때도 마찬가지이다. '심금을 울리다'라는 말이 있는 것처럼, 전달방식에 따라 고객의 마음에 깊이 파고들 수 있을지가 결정된다.

앞서 예로 들었던 만원 전철 안에서 스마트폰을 사용하고 있는 사람에게 어떤 소구점을 갖고 광고할지에 대해 생각해 보자.

'아무튼 만원 전철이 너무 싫고 빨리 시간이 갔으면 좋겠다.'라고 생각하는 사람을 가정했을 때와 '통근 시간을 이용하여 업무에 필요한 정보를 입수해서 내일 회의에 활용하고 싶다. 상사한테서 능력자라는 평가를 받고 싶다.'라고 생각하는 사람을 가정했을 때는 제안 내용 및 메시지, 표현이 전혀 달라질 것이다.

또한 앞서 인사이트 파악의 중요성에 대해서도 언급하였는데, 상대방이 진정으로 원하는 것이 무엇인가에 따라 제안 내용이 변화한다. 광고를 만들 때는 당연히 고객 조사를 진행하는데, 미리 만들어 놓은 광고 문구를 보여주면서 어떤 느낌을 받았는지 물어보는 정성 조사를 실시한다.

BtoB 안건인 경우

BtoB 안건에서는 고객이 제시한 제안요청서(RFP)에 적힌 내용에 답을 하는 식으로 제안서를 작성하면 일단 형태는 갖춰진다. 하지만 필자가 제안서 작업에 참가해보니 제안요청서(RFP)에서 요구하는 대로만 대답하는 경우를 자주 접하게 된다. 그 자체가 나쁜 것은 아니지만, 경쟁업체를 이기려면 자사의 독자적인 제공 가치인 가치 제안(VP, Value Proposition)을 도출하여 제안서에 담아내야 한다(가치 제안에 대해서는 14장에서 자세히 다루겠다). 경쟁사와 똑같은 내용으로 구성하면 도토리 키재기가 되어 가격 경쟁에 함몰되기 때문이다.

BtoB 비즈니스는 정기적인 영업이나 시스템 엔지니어의 고객 대응도 중요하지만, 발주처 담당자와의 밀접한 소통을 통해 신뢰를 획득하는 것도 필요하다. 미리 신뢰를 쟁취해 놓으면 발주처에서 먼저 상담이 들어올 확률이 높으며 입찰 전에 '사전정보요청서' 작성을 요청받을 수도 있다.

이는 'RFI(Request for Information)'라고 하며 업무 발주 및 입찰, 자재 조달에 관련된 수주 기업의 정보 수집을 위해 작성된다. 수주 기업의 기본 정보와 제품 정보, 기술 정보 등을 요구하기 때문에 회사 안내 및 제품 카탈로그 정도의 수준에서 제출해도 된다. 나아가 해당 제품의 도입 실적이나 가격을 제시하라는 요청이 있을 수도 있다. 제품 가격은 대략적인 계산으로 제시해도 되지만, 홈페이지에 기재되어 있지 않은 회사 정보를 원하는 경우가 많다.

사전정보요청서(RFI)는 입찰 참가 업체에게 제시하는 '입찰 개요' 같은 개념이므로 그 작성을 요청받는다면 자사의 장점을 살리기 쉬운 내용으로 구성할 수 있다. 그리고 경쟁사보다 먼저 입찰 정보를 입수 가능하다는 것이 가장 큰 장점이다. 사전정보요청서(RFI)를 담당하게 되면 제안요청서(RFP) 작성도 담당할 가능성이 높아지므로 상당히 유리해진다.

BtoB의 수주 형태는 입찰같이 큰 규모의 안건만 있는 것이 아니다. 통상적인 업무를 통해 요청받는 경우도 많다. 평소에 거래를 트고 있는 고객이 발주하는 일도 있다. 그럼 이제 웹사이트 구축에 대한 사례를 통해 발주 및 수주의 흐름에 대해 알아보고 이때 발주 측과 수주 측에 중요한 소통 포인트를 정리해 보겠다.

먼저 앞서 제시했던 그림인 [그림 1-6·1-7]을 다시 보자(다음 페이지 참고). 진척 유형 A와 B 사이의 차이는 명확하다. ★ 표시가 있는 부분이 '소통 횟수의 차이'이다. 안건 수주 실적이 많은 회사에서 일

진척 유형 A

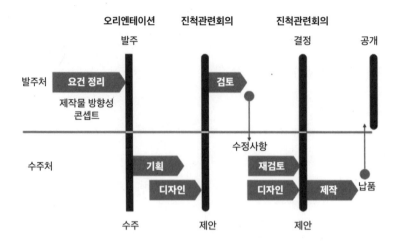

[그림1-6] 페이즈 게이트와 일반적인 일정의 예

진척 유형 B

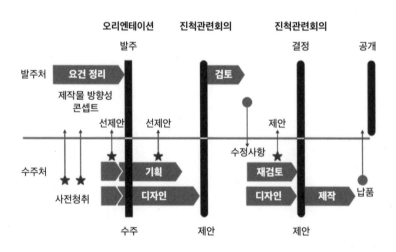

[그림1-7] 커뮤니케이션을 긴밀하게 수행한 일정의 예

반적으로 하는 것이기도 하다. 누가 먼저 말해야 비로소 행동을 취하는 것이 가장 나쁘다. "발주처가 제대로 해야 우리가 움직이죠"라고 한다면 신용을 얻을 수 없을 것이다.

웹사이트 구축 안건을 예로 들자면, 발주처가 웹사이트 제작 전문 기업이 아닐 경우가 많으므로 수주 기업이 전문가로서 선도해 주는 형태로 진행하는 게 신뢰 관계 형성에 도움이 될 것이다. 이를 위해서는 수주 기업이 발주처와 소통을 긴밀히 취하면서 의향을 파악하고 '이렇게 되어야 한다'라는 형상을 '시각화'하여야 한다. 그래야 발주처의 의사 결정도 원활하게 이루어진다.

가장 처음에는 50% 정도의 완성도로 제시하고 발주처의 의향에 따라 맞추어 가도 된다. 수주 기업은 지속적으로 선제안을 해야 한다. 그렇게 하면 양쪽의 차이를 찾아 수정할 수 있으며 더욱 구체적인 목표와 방향성의 설정이 가능하다.

하지만 시간을 너무 들이지 않도록 신경을 써야 한다. 초기 단계에서는 손으로 그리더라도 상관없으니 "이런 느낌인가요", "아니, 조금 다른데"라는 식의 대화가 나오도록 해야 한다. 그것은 발주처와 수주처의 소통이 잘 되고 있다는 증거이기 때문이다.

물론 발주처도 떠넘기기식은 금물이다. 수주처가 전문가이니까 발주처 담당자보다 잘 알고 있다고 해서 전부 떠넘겨버리게 되면 수주처의 신뢰를 얻기 힘들다. 최악의 경우 수주 기업이 "그럼 대충 해도 되겠네"라고 적당히 일할 위험이 있다. 수주 기업 담당자가 '이 사람은 얕보면 안 되겠는걸'이라고 생각하게 만들어야 한다. 그럼 발주처는 어떻게 하면 될까.

그러려면 일단 발주처의 '의지'가 필요하다. 자세한 것까진 알 수 없더라도 뭔가를 만들어 내겠다는 '의지'가 필요한 것이다. 수주처가 전문가니까 맡기는 건 좋은데, 떠넘기기식이면 좋은 결과물이 나올 리 없다. 그래서 '오리엔테이션'을 하게 된다. 오리엔테이션은 명확한 방향을 정의하기 위한 회의를 말한다. 여기서 방향성을 명시하는 것이 중요하며, 성공하든 실패하든 발주처의 책임이다.

오리엔테이션에서는 타깃 고객이 누군지, 무엇을 만들고자 하는지, 예산은 어느 정도인지, 납품기한은 언제인지 등을 명시하는데, 맨 먼저 발주처의 '의지'를 분명히 전달하고 함께 만들자는 자세를 보이는 것이 가장 좋은 방법이다.

필자는 홍보부서에서 가전제품을 주제로 한 TV 및 신문 광고를 제작한 적이 있다. 다양한 광고 회사의 크리에이터들과 함께 일하면서 발주처와 수주처의 경계를 허물고 서로의 생각을 격의 없이 주고받은 적이 많았다. 필자가 발주처 담당자로서 일을 할 때 요청하는 대로만 움직이거나 스스로의 '의지'가 없는 크리에이터를 신용할 수 없었고, 크리에이터들 또한 발주처의 '의지'를 확고하게 요구해 왔다. 발주처가 "우리는 클라이언트니까."라며 으스대고 있으면 결코 좋은 결과물이 나올 수 없다. 서로의 '의지'를 주고받는 커뮤니케이션이 중요한 것이다.

필자는 원래부터 영상 쪽에 흥미가 많았다. 그래서 홍보부서로 부서 이동이 정해졌을 때 매우 기뻤다. 그런데 이동하자마자 그렇게 녹록하지 않다는 것을 알게 되었다. 우선 광고 회사의 제작부서나 영업부서의 신뢰를 얻기까지의 과정이 가장 힘들었다. 그들은 돈만 내면 뭐든 만들어 주는 사람들이 아니다. 필자는 그들이 '좋은 것을 널리 알리고 싶다'라는 의지가 강하다는 것을 느꼈다.

담당했던 것은 주로 가전제품의 TV 및 신문, 잡지 광고였는데, 이를 전달하는 대상은 소비자이다. 즉 BtoC 커뮤니케이션을 맡게 된 것이다. TV 광고의 길이는 15초의 배수로 정해져 있고 길어봤자 120초이다. 일반적으로는 15초와 30초 버전을 제작하며 그 짧은 시간 동안 상품의 특징과 매력을 전달해야 한다. 가전제품은 기능을 전달해야 매력을 느낄 수 있는데, 기능만 설명하면 광고가 재미없게 된다. 결국 광고 자체가 시청자의 기억에 남지 않는 것이다.

홍보부서에서 일하면서 상대가 누구인지, 무엇을 어떤 식으로 전할지, 마음을 움직일 수 있는 표현은 무엇인지 등, 고객 커뮤니케이션의 어려움을 통감하고 열심히 배웠다. 우선 상대방의 심리와 입장이 어떤 상태인지 알아야 마음을 움직일 수 있는 표현을 만들 수 있다. BtoB 커뮤니케이션에서도 또한 필수적으로 발주처의 최종 사용자를 잘 알아야 한다.

> **POINT 13**
>
> ⇒ BtoC인 경우, 타깃 고객의 본심과 인사이트를 파악하여 마음에 확 와닿는 '매력 전달 방식'에 대해 생각해야 한다.
>
> ⇒ BtoB인 경우, 안건을 수주할 때까지는 신뢰 관계 구축이, 수주 후에는 소통의 타이밍 및 빈도가 가장 중요하다. 또한, 발주처와 수주처가 서로의 '의지'를 주고받는 것이 성공의 지름길이다.

14장

가치 제안 파악하는 법

'가치 제안'이란 무엇인가

여러분은 사내에서 아이디어 도출 회의를 할 때, 자사와 경쟁사의 강점 및 약점에 대해 얼마나 인식하고 있는가.

다음 페이지 [그림 4-1]에 있는 3개의 원은 3C(고객: Customer, 경쟁사: Competitor, 자사: Company)라 하는데, 타사가 공급하지 못하는 자사만의 제공 가치를 '가치 제안(VP, Value Proposition)'이라고 한다.

그런데 회의를 할 때 '고객이 기대하고 있는 가치와 오직 자사만이 제공할 수 있는 가치'를 생각하지 않는 경우가 많아 매우 유감스럽다. BtoB든 BtoC든 시장에 경쟁업체(라이벌)가 있으므로 그 존재를 인식하고 자사의 독자적인 가치를 제공해야 한다.

명확하게 '가치 제안(VP, Value Proposition)'을 활용하는 사례로서 애

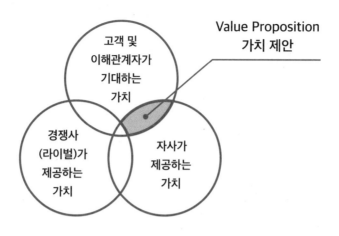

[그림 4-1] 가치 제안

플을 떠올릴 수 있다. 오랜 기간 제품 개발을 하다 보면 '제조의 상식'이 생기는데, 그런 상식을 하나하나 파괴한 것이 애플이며 스티브 잡스였다. 솔직히 말해서 제품 개발에 종사하고 있는 우리들 또한 애플이 발매하는 제품을 보면 매번 놀라게 된다.

그럼 어떤 종류의 상식 파괴가 있었을까. 알기 쉽게 분류하여 그림으로 나타내 보았다. 다음 페이지 [그림 4-2]를 보자. 그림의 왼쪽은 아이폰이고, 오른쪽은 일반 스마트폰이다. 양쪽을 비교해 보면 아이폰의 부품 수가 적다는 것을 확연히 알 수 있다. '부품 수가 적으면 성능도 낮아지고 비용도 저렴해지는 것 아닌가'라고 생각하면 안 된다. 성능을 유지하며 부품 수를 줄이는 것이 오히려 비용을 늘리는 경우도 있다.

기존 상식에 따라 만들어진 제품은 수지로 만든 두 개의 커버로 구성된다. 그리고 이를 나사로 고정하는 방법을 취한다. 소모품인 리

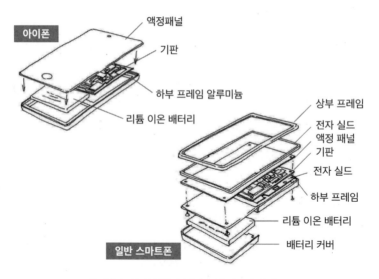

아이폰

액정패널
기판
하부 프레임 알루미늄
리튬 이온 배터리

상부 프레임
전자 실드
액정 패널
기판
전자 실드
하부 프레임
리튬 이온 배터리
배터리 커버

일반 스마트폰

[그림 4-2] 아이폰과 일반 스마트폰의 차이

튬 이온 배터리를 교환할 수 있도록 설계되는 것이다. 그런데 아이폰
은 다르다. 커버 부품은 단 하나. 거기에 액정 표시 패널이 부착된 형
태이다. 나사도 사용하지 않는다. 놀랍게도 액정 표시 패널을 양면테
이프로 고정한 것이다. 나사를 쓰게 되면 구멍을 뚫어야 하고 그만큼
높이도 필요하다.

얇아진 이유가 하나 더 있다. 수지로 만들게 되면 강도를 유지하
기 위해 내부에 알루미늄 등의 구조재를 넣어야 하는데, 아이폰은 커
버 자체를 알루미늄으로 제작하기 때문에 구조재가 필요 없다. 물론
배터리로 구동하는 제품이므로 발열이 있지만, 커버가 알루미늄이
기 때문에 자체에 방열 기능이 있다. 그렇지만 전체적으로 알루미늄
을 사용하면서 양면테이프로 고정한다는 발상은 비용도 많이 들고
수리도 힘들어서 실현이 어렵기 때문에, 아이폰을 '상식을 파괴한 제

품'이라고 한 것이다. 당시에는 무척 놀랐다. 비용을 어느 정도 높이면서 외관상의 디자인을 중시한 이 전략이 아이폰의 '가치 제안(VP, Value Proposition)'을 실현한 것이다.

VP 전략 지도의 활용

아이디어 상품화 과정에서 제안서의 방향성을 논의할 때 VP 전략 지도라는 것을 활용한다. 그 양식은 142페이지에 있는 [그림 4-3]과 같다. 이것은 우리 팀 구성원 모두가 함께 고안해 낸 독창적인 도구이다.

VP 전략 지도에 고객의 배경, 시장 및 고객 수요, 경쟁사 제공 가치, 자사 제공 가치 등을 기입해 가며 관계자와 논의하게 된다. 이때 '고객의 수요로부터 경쟁사와 자사의 제공 가치를 대조해 보고 어떤 강점이 있는지 찾아내는 것'이 중요하며, 바로 그것이 가치 제안(VP, Value Proposition)이 된다.

VP 전략 지도는 특별히 형식에 구애받지 않으며 자유롭게 기입하면 된다. 그리고 가급적 짧은 문장으로 써야 한눈에 내용이 들어온다. 또박또박 예쁘게 쓸 필요도 없다. 화살표가 칸 밖으로 나가도 된다. 토론 중간중간 중요한 내용에 번호를 매겨가는 식으로 진행하면, 핵심이 무엇인지 서서히 나타나게 된다.

하지만 아무리 토론을 거듭해도 좀처럼 명확한 가치 제안(VP, Value Proposition)이 도출되지 않는 경우도 많다. 오히려 '명확히 나타나지 않는 것이 당연하다'라고 생각하는 게 맞다. 제안할 만한 가치 제안(VP, Value Proposition)이 끝까지 안 나오면 가격 경쟁에 함몰되기 때문에, 다양한 각도에서 논의하고 하나라도 도출하도록 해야 한다. 대기업은 가격 경쟁을 기피하는 편이다. 아무리 해도 가치 제안(VP, Value Proposition)이 나오지 않는다면 대기업으로서의 신뢰도를 호소하는 것이 나을 수도 있다.

중소기업 또한 가격으로 싸우는 것을 선호하지 않는다. 그렇다면 대기업보다 기민하게 움직일 수 있다는 점을 어필해야 할 것이다. 요컨대 고객에게 울림이 있는 메시지가 무엇일지 고민하고 조금만 전달 방식을 바꾸더라도 가치 제안(VP, Value Proposition)으로 만들 수 있다.

이때 제안요청서(RFP)에 명시되어 있지 않더라도 입찰 전에 고객사와의 소통을 통해 얻은 정보와 홈페이지 등에 기재된 정보가 단서가 될 수 있다. 고객사가 처한 상황과 생각을 이해하고 인사이트를 확보하여 우리 회사가 제공할 수 있는 것이 무엇인지 파악해야 할 것이다.

VP 전략 지도는 검토 자료가 될 수 있는 건 무엇이든 적어내서 다각도로 살펴볼 수 있도록 구성되어 있는데, 그중에는 '고객사가 되고 싶어 하는 모습'과 '결정권을 가진 중심인물이 누구인가'를 기재하는 부분도 있다. 기입 순서는 정해져 있지 않다. 아는 것부터 짧고 간결하게 번호를 매겨가며 기재하면 된다. '표 만들기 위주'로 진행하게 되면 빈칸에 문자와 그림을 채우는 것에 급급하게 되기 때문이다. 요컨대 '짧은 문장과 번호 매기기'가 유일한 규칙이다.

144페이지에 있는 [그림 4-4]는 BtoB 사례를 가정하여 여비 정산 시스템 제안에 관한 VP 전략 지도를 작성해 본 것이다. 윗부분에는 고객사 최종 결정권자(중심인물, Keyman)의 이름이 기재되어 있는데, 이 또한 매우 중요한 정보이다.

하지만 직급이 높다고 해서 진짜 중심인물이라고 단언할 순 없다. 담당자에게 어느 정도 재량을 부여하는 경우도 있으며 최종 결정권자는 사실 여러분의 회사에 의뢰하고 싶지 않은데 담당자가 여러분의 회사를 좋아해서 선택하려고 하는 경우도 있다. 평소에 일면식이 있는 영업 담당자와 대화를 하다 보면 고객사의 내부 사정도 알 수 있는데, 중요한 정보이니 반드시 파악해 두도록 하자.

자주 만나 대화하는 발주처 담당자의 이름을 'VP 전략 지도'에 써넣는 이유는 평소의 대화에서 도출되는 내용이 제안요청서(RFP)에는 나와 있지 않은 고객의 인사이트일 수 있기 때문이다. 필자가 제안서 작업에 참여했을 당시에는 관계자와 사전 미팅을 하면서 VP 전략 지도를 그리고 입찰 참여 기업 측 담당자에게 가능한 다양한 관점에서 질문을 하였다. 그러면 언뜻 봤을 때는 보이지 않던 가치 제안(VP, Value Proposition)들이 도출되기도 한다.

BtoB의 경우는 더더욱 고객사에게 '우리에 대해 잘 이해하고 있군'이라는 생각을 들게 만드는 것이 매우 중요하다. 그것만으로도 경쟁사보다 한발 앞서간다고 해도 과언이 아니다. 예전에 회의 중에 이런 일이 있었다. "혹시 이런 걸 원하시는 게 아닌가요?"라고 묻자, 담당 영업 직원이 "그러고 보니 고객사 ○○ 과장이 비슷한 말을 한 적이 있어요"라고 답한 것이다.

결론적으로 그 내용을 전면으로 내세우기로 했다. 이처럼 평소의 아무렇지 않은 대화 속에도 힌트가 숨겨져 있을 때가 많다. 자사의

제목: 여비 정산 시스템

고객사가 되고 싶어 하는 모습(ToBe상)	고객사의 잠재 수요(인사이트)	
① 경영 이념 및 계획 (홈페이지 등에서 참고)	② RFP에 기재되어 있지 않은 요구 사항	③ 경영
		④ 현장

배경	⑥ 회사의 경영 현황	⑧ 고객사
⑤ 고객사를 둘러싼 환경 및 시장 동향		

고객

⑦ RFP에 기재된 요구 사항 및 숨겨진 요청 사항

경쟁	⑨ 약점	

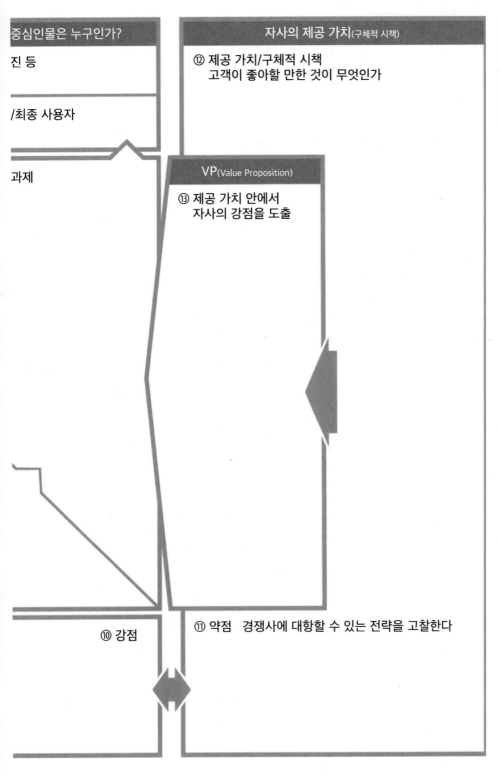

[그림 4-3] VP 전략 지도

중심인물은 누구인가?

진 등

/최종 사용자

과제

자사의 제공 가치(구체적 시책)

⑫ 제공 가치/구체적 시책
고객이 좋아할 만한 것이 무엇인가

VP(Value Proposition)

⑬ 제공 가치 안에서
자사의 강점을 도출

⑩ 강점

⑪ 약점   경쟁사에 대항할 수 있는 전략을 고찰한다

제목: 여비 정산 시스템

고객사가 되고 싶어 하는 모습(ToBe상)	고객사의 잠재 수요(인사이트)	
① 경영 이념 및 계획 (홈페이지 등에서 참고) • 글로벌 진출로 성장 가속화 • 고객 제일주의 • 행복한 휴가	**② RFP에 기재되어 있지 않은 요구 사항** 1. 누구나 편하게 이용할 수 있는 도구 2. 다른 시스템과의 연동 ↳직관적 조작	**③ 경영 총무본부** **④ 현장 사내 임**

배경

⑤ 고객사를 둘러싼 환경 및 시장 동향
• 해외 생산 → 동남아시아
• 업무 방식 혁명 → &생산성 향상
• 컴플라이언스 준수
• 비용 관리
• 입력 업무 간소화

(시장)

• 신규 경쟁업체 진입
• 시장 확대
• 정부의 디지털화 추진

⑥ 회사의 경영 현황
• 영업이익률 = 12% 목표(2년 후)
• 글로벌 표준

그룹사 2곳
⇓
정산 시스템 각각 다름

• 처리 부정 / 오류 발생

• 국내 그룹사 포함 시스템 일원화
유지보수 비용 절감

• 여비 검색 시 최저가
• 전자 카드 연동
• 영수증 등 종이 신청 절감
• 보고서 자동 집계
• 無할인
RFP에는 글로벌에 대해서 적혀있지 않지만...
↳ 무카이 부장은 중시함!

• 전체적인 비용 절감
• 컴플라이언스
• 업무 방식 개혁

담당자인 무카이 부장이 자주 언급

고객

⑧ 고객사
• 그룹사별 쓰기 불편
• 영업이익 서둘러 대
• 보고서 자
• 여비 신청
• 기존 시스
• 즉시 정산

⑦ RFP에 기재된 요구 사항 및 숨겨진 요청 사항

경쟁

⑨ 약점
설정 항목이 제한적
• DxS사 완전한 패키지
= 커스터마이즈 불가
• 모바일과 PC가 각각 다른 환경 → 스마트폰은 앱이 필요함!

⇓
유지 보수 비용 2배 → 비용 大

• 도입 비용이 저렴 ← 패키지이기 때문
• 단기간에 납품 가능 ←
• 영업을 잘함
• 분석 보고서가 충실

• 국내만 있음 ← 고객사는 글로벌 관점을 요구하고 있지 않으나 ⇒

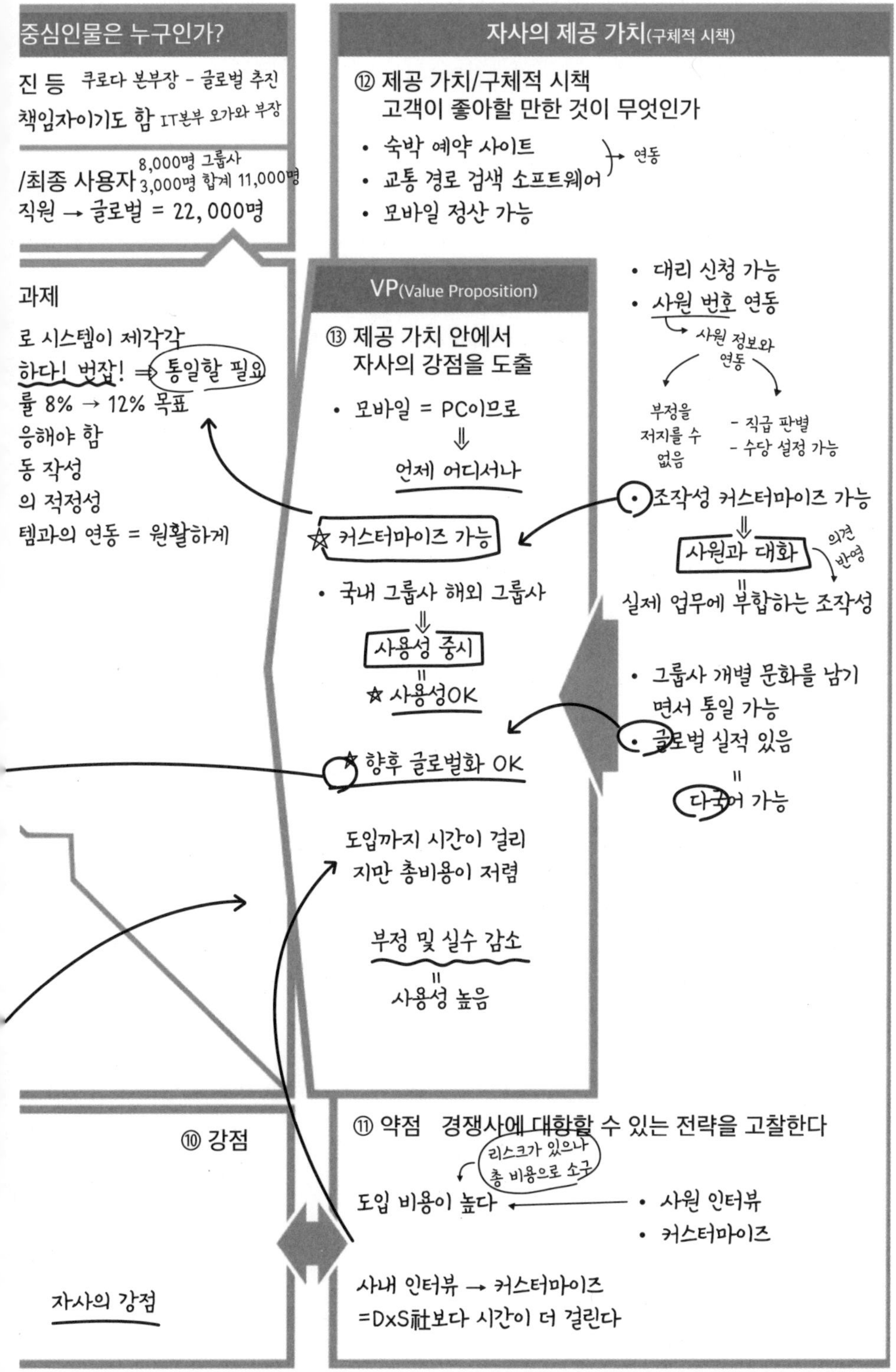

[그림 4-4] VP 전략 지도 기입 예시

중심인물은 누구인가?

진 등 쿠로다 본부장 - 글로벌 추진
책임자이기도 함 IT본부 오가와 부장

/최종 사용자 8,000명 그룹사
3,000명 합계 11,000명
직원 → 글로벌 = 22,000명

과제

로 시스템이 제각각
하다! 번잡! ⇒ 통일할 필요
률 8% → 12% 목표
응해야 함
동 작성
의 적정성
템과의 연동 = 원활하게

자사의 제공 가치(구체적 시책)

⑫ 제공 가치/구체적 시책
고객이 좋아할 만한 것이 무엇인가
- 숙박 예약 사이트
- 교통 경로 검색 소프트웨어 } 연동
- 모바일 정산 가능

- 대리 신청 가능
- 사원 번호 연동
  → 사원 정보와 연동
  부정을 저지를 수 없음
  - 직급 판별
  - 수당 설정 가능

VP(Value Proposition)

⑬ 제공 가치 안에서
자사의 강점을 도출
- 모바일 = PC이므로
  ⇓
  언제 어디서나
  ☆ 커스터마이즈 가능
- 국내 그룹사 해외 그룹사
  ⇓
  사용성 중시
  = ☆ 사용성OK
☆ 향후 글로벌화 OK

조작성 커스터마이즈 가능
⇓
사원과 대화 (의견 반영)
실제 업무에 부합하는 조작성

- 그룹사 개별 문화를 남기면서 통일 가능
- 글로벌 실적 있음
  = 다국어 가능

도입까지 시간이 걸리지만 총비용이 저렴

부정 및 실수 감소
=
사용성 높음

⑩ 강점

자사의 강점

⑪ 약점 경쟁사에 대항할 수 있는 전략을 고찰한다
(리스크가 있으나 총 비용으로 소구)
도입 비용이 높다 ←
- 사원 인터뷰
- 커스터마이즈

사내 인터뷰 → 커스터마이즈
= DxS社보다 시간이 더 걸린다

담당자는 안건에 너무 깊이 파고든 나머지 중요한 개념이 어떤 것인지 잘 모르게 되는 경우가 종종 있다. 제삼자에게서 질문을 받고 비로소 깨닫게 되는 것이다.

이것은 다른 사례이지만, 어떤 회사의 담당자가 제안서 초안을 만들기 위해 내게 상담을 요청했다. 필자는 그 제안서를 보고 "별로 두근거림이나 설렘이 없는 제안서네요."라고 말했다. 그랬더니 그 담당자가 "그럼 큰일인데요. 고객사가 '두근거리는 제안을 부탁합니다'라고 했거든요."라고 대답했다.

고객사가 그렇게까지 말했는데 담당자는 어떻게 해야 '두근거리고 설레는' 제안서가 되는지 이해하지 못한 것이다. 길이 막혔을 때 제삼자를 개입하도록 하여 이야기를 진행하는 것은 매우 효과적이다. VP 전략 지도는 고객이 처한 상황을 파악하고 경쟁사가 어떤 전략으로 나올지 예측하여 자사의 강점을 부각하여 제안서에 담기 위해 작성한다. 따라서 이를 작전 검토 용지라고 생각하고 낙서하는 감각으로 채워나가면 된다.

어떻게 자사의 VP를 부각시킬까

오늘날 시장은 크게 변화하고 있다. 코로나 사태로 인한 영향으로 그 변화는 더욱 가속될 것이다. 이미 '소유의 시대로부터 이용의 시대로'라는 말이 나오고 있다. 예전에는 가정의 중심에 TV가 있었고 웃음소리가 나왔지만, 지금은 스마트폰과 PC의 보급으로 인해 각자가

TV와 각종 영상을 볼 수 있게 되었다. 그 결과로 TV를 소유할 필요가 없고, TV프로그램 자체를 시청하지 않는 젊은이도 늘어나고 있다.

30년 전에 등장한 비디오 대여 사업 또한 영상 송출 서비스를 통한 '스트리밍'을 월정액제로 시청하는 형태로 바뀌었다. 애니메이션과 영화 등, 자신이 보고 싶은 것을 언제 어디서든 마음껏 볼 수 있게되었고, 시간과 취향의 제한 없이 좋아하는 프로그램을 시청할 수 있다. 예전에는 좋아하는 콘텐츠의 DVD나 CD를 소유하는 것으로 기쁨을 느꼈지만, 지금 그런 것에 가치를 두는 사람은 많지 않다. 이처럼 시장이 복잡하게 되고 코로나 사태로 더 큰 변화가 일어나는 지금, 기업들은 독자적인 가치를 제공하기 위해 안간힘을 쓰고 있다.

자사의 VP를 킬링 메시지로 삼아 전달한다

BtoB 혹은 BtoC, 그리고 제품이냐 서비스냐에 따라 다소 차이는 있으나 자사만의 독자적인 가치인 '가치 제안(VP, Value Proposition)'을 명확히 말할 수 있는지 여부는 매우 중요하다. 기업 활동에서는 '경쟁에 어떻게 승리할지'라는 것이 핵심이며, 당연히 제안서나 광고에서 이런 '가치 제안(VP, Value Proposition)'을 분명히 전달하는 것이 필수적이다.

하지만 제조 현장의 담당자가 "이 제품의 가치 제안은 무엇입니까?"라고 질문했을 때, 자신 있게 답하지 못하는 경우가 많은 것 또한 사실이다. 그 이유는 '우위성을 인식하지 못하고 있다'라기보다 자사의 상황이 너무 당연한 나머지 제품의 장점과 우위성을 간과하고 있기 때문이라는 편이 맞을지 모른다. 의외로 '그건 우위라고 할 수 없다', '경쟁사에 비해 그렇게 큰 우위가 있는 건 아니다'라고 생각하는 기술자가 많다.

기술자는 전문가이며 타사의 동향에 대해 연구하는 사람도 많기 때문에, 그러한 시점에서 보면 자신들이 하고 있는 일이 특별히 우위라고 생각하지 않을 수 있다. 물론 기존에 없던 혁신적인 신기술을 개발한 경우에는 당당하게 "이것이 우위다"라고 말할 수 있지만 대체로 미세한 차이라서 '굳이 말할 필요는 없다'라고 생각하기 일쑤다. 이런 상황에 빠져있는 제품이나 서비스의 가치 제안을 고객에게 전달할 때는 우선 제삼자의 의견을 듣는 것이 중요하다. 이때 조언을 해 줄 사람으로는 디자이너 또는 홍보부서 직원이 적임이다.

필자는 디자이너와 홍보부서 입장 모두 경험한 적이 있어서, 개발자와 이야기를 하면서 "왜 그 말을 하지 않지?"라고 물으면 "그게 뭐 대단한 기술이라고…"라는 식의 대화를 몇 번이나 경험했다. 특허를 취득할 만한 타의 추종을 불허하는 기술이라면 당연히 개발자도 "이건 말해야겠다."라고 가슴을 펴고 당당히 밝힐 것이다. 전력 소모를 줄이는 데 성공했다거나 세계 1위의 기술이라면 이 부분을 강조하면 되고, 경쟁사 대비 세정 효과가 매우 크다면 이를 말하면 된다. 현실적으로 매번 그런 식으로 할 수는 없겠지만, 타사 대비 우수한 부분은 분명 어딘가에 있기 마련이다.

예를 들어 경쟁사 대비 1%라도 우월한 기능이 있다고 하자. 매일 타사 제품을 연구하고 개발에 힘쓰는 개발자에게 있어서는 '겨우 1%'일지 모른다. 하지만 다른 모든 경쟁사보다 1% 우위라면 '1등'이라고 말할 수 있다. 물론 근거를 제시해야겠지만, 근거만 명확하다면 부정할 수 없는 1등이 된다. 개발자는 '대단한 기술도 아닌데'라고 생각할지 모르나, 그 기술을 도입하여 사용자에게 좋은 가치를 제공한 사례는 적지 않다.

필자는 이를 통해 '고정관념을 피해야 한다'와 '망설일 때는 제삼자를 데려와 논의해야 한다'라는 두 가지를 말하고 싶다. 고객사의 수요나 경쟁 현황에 따라 우위성은 변하기 마련이므로 어떤 요소를 우위라고 할지 정하려면 어느 정도 훈련이 필요하다. '이 수준이면 우위가 되는구나'라는 경험을 한 번이라도 맛보게 되면 관점과 사고 방식이 바뀌게 되므로 그러한 '깨달음'이 중요하다.

일본인은 기본적으로 진지하고 성실하여 우위라고 하면 압도적인 우위에 대해서만 생각하는 경향이 있다. 나 또한 그런 경험을 많이 했는데, 아주 작은 것이라도 탁월한 부분이 있다면 이를 우위라고 해도 틀린 말이 아니다. 단, 거짓말을 하면 허위 표현이 되고 과장은 오해를 부를 소지가 있으며 자칫 잘못하면 범죄가 될 수 있으므로 절대 해서는 안 된다.

가까운 사례를 들자면 최근 자주 접하는 살균제 광고가 대표적이다. '공기 중에 떠다니는 세균과 바이러스를 제거'한다며 CG로 표현한 세균과 바이러스가 사라지는 장면을 보여주는데 화면상에서 모두 사라지지는 않는다. 100% 제거라고 할 수는 없기 때문이다. 약을 살포해도 미량의 세균과 바이러스가 남을 수밖에 없다. 그래서 CG로 표현하더라도 전부 사라지는 식으로 하게 되면 허위 광고가 된다. 거짓된 표현을 하고 사실이 발각될 경우 기업의 신뢰도 및 브랜드 가치가 실추되므로 반드시 엄수해야 한다.

VP 전달을 위한 프레젠테이션 기술을 연마하자

프레젠테이션은 다양한 장소에서 진행된다. 고객을 대상으로 하는 것은 물론, 자사의 임원 등을 대상으로 한 사내 프레젠테이션도 있고 BtoB나 BtoC에서 영업 사원이 제품 및 서비스를 설명하는 경우도 있다. 아이가 부모에게 장래 희망을 설명하는 것 또한 프레젠테이션이라 볼 수 있다.

필자는 이처럼 우리의 일상 속에서 당연하게 이루어지는 프레젠테이션의 근간은 전부 동일하다고 생각한다. 바로 '상대방의 마음을 움직일 수 있는지 여부'이다. 프레젠테이션에 있어서 그 내용은 빠질 수 없는 중요한 사항이지만, 또 한 가지 핵심 요소가 있다면 '전달 방식'이다.

프레젠테이션Presentation의 어원을 거슬러 올라가면 선물Present에서 유래한다. 선물을 누군가에게 건넬 때는 상대방을 생각하고 그 사람이 기뻐할 만한 것을 선택하기 마련이다. 즉 '진심'을 담아 선물한다. 그런데 프레젠테이션을 할 때는 그러한 '진심'이 사라져버리는 경우가 많다([그림 4-5]).

화면에 나오는 발표 자료를 그대로 낭독만 하는 사람이 종종 있는데 그러면 듣는 사람은 답답할 뿐이다. 참가자들은 낭독을 들으러 온 게 아니고, 시간 내에 끝내기도 어렵다. 일반적으로 BtoB에서는 프로젝트 매니저가 프레젠테이션을 진행한다. "발표 자료를 따로 준비해도 무방하다"라는 고객사도 있는가 하면, "제안서 내용 그대로 발표하라"라는 고객사도 있다.

[그림 4-5] 프레젠테이션에도 '진심'을 담자

발표 자료를 별도로 준비해야 할 경우, 글자 수를 줄이고 요점만 발췌하여 고객사가 한눈에 이해할 수 있도록 자료를 만드는 것이 좋다. "발표 자료를 만들어 오셔도 됩니다."라고 했는데 문자만 잔뜩 나열된 자료를 가져오면 그저 아쉬울 뿐이다. 반면에 "제안서 내용 그대로 발표해주세요."라는 지시라면 곤란해진다. 자료 자체에 문자 수가 많기 때문에 생략해 가면서 설명하는 기술이 필요하기 때문이다. 제안서를 그대로 발표할 때는 중요한 부분만 설명해야 하며, 이는 사내 프레젠테이션에서도 마찬가지이다. 프레젠테이션 중간중간에도 항상 상대방의 반응을 살피고 '잘 이해하고 있는지' 파악해 가면서 생략할 부분은 과감히 건너뛰는 것도 좋다. 그리고 외견이나 태도 또한 프레젠테이션에 큰 영향을 미친다.

다음 페이지 [그림 4-6]의 A씨와 B씨를 비교해 보자. 활기차고 자신 있게 설명하는 사람과 구부정하고 자신 없는 목소리로 발표하는

A씨   B씨

[그림 4-6] 어느 쪽의 말을 듣고 싶은가?

사람이 있다. 여러분이라면 누구에게 설명을 듣고 싶은가. 당연히 A
씨일 것이다.

　프레젠테이션이 능숙하건 서투르건 사전 연습을 추천한다. 제삼
자(사내 구성원)에게 복장과 태도, 말투를 관찰하도록 하고, 결점을 지
적해 달라고 하는 것도 효과적이다. 긴장하면 "저기", "그게"라고 말
하는 것을 의외로 본인은 의식하지 못하는 경우가 많다. 연속해서 나
오는 버릇이 있는 사람은 말을 할 때마다 "저기", "그게"라고 시작한
다. 이 또한 제삼자가 보면 확인이 가능하므로 자신의 버릇을 파악할
수 있다. 누구나 유창한 프레젠테이션을 할 수 있는 것은 아니다. 남
들 앞에서 말할 때 긴장하는 사람도 많다. 긴장이 되더라도 복장과

표정, 성량, 발음, 몸짓 등을 의식하면서 듣는 사람이 빨려들 수 있는 프레젠테이션을 해야겠다는 마음가짐이 필요하다.

발주처와 수주처 관계에서 협동 창조 관계로

향후 BtoB에서의 사외 커뮤니케이션에서 '협동 창조'*라는 관점이 더욱 중요해질 것이다. 어느 한쪽의 사고방식을 일방적으로 전달하는 것이 아니라 고객사로부터 문제와 과제를 청취하여 이에 대한 해결책을 모색하는 방법을 말한다.

여기서도 '시각화'가 중요하다. 이 단계에서 고객사가 직면한 문제와 과제를 '시각화'하게 되면, 고객사 스스로 머릿속으로 정리할 수 있으며 제안사 또한 어떤 식으로 지원할 수 있을지 생각해 볼 수 있다. 예를 들어 제조 라인이 생산 효율이 안 좋고 실수도 많다는 문제가 있는데 그 구체적인 원인을 찾을 수 없다고 하는 제조사 고객이 있다고 하자. 이 경우 고객사 앞에서 화이트 보드 등에 생산 라인을 직접 그려 보이고 정리하는 것이다. 원료 투입에서 제조 라인, 포장, 검품 등 개략적으로라도 그림으로 그린다([그림 4-7] 참고). 그다음 일하고 있는 사람들의 숫자라거나 정보전달의 흐름 등을 '시각화'한다. 그렇게 하면 이를 본 고객사에서 "아, 그러고 보니 A부서와 B부서가 연계가 잘 안 되던데~"라고 하면서 깨닫는 바가 생긴다.

다음 페이지 [그림 4-7]과 같이 개략적이라도 좋으니 전체상을 그

---

* '협동 창조(協創)'는 '공동 창조(共創)'라고 표기하는 경우도 있는데 이 책에서는 히타치 그룹의 표기를 따른다. (저자주)

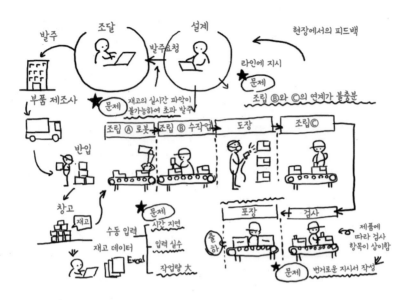

[그림 4-7] 문제를 화이트보드에 그려보고 정리하여 공유한다

려보면 한눈에 내려다볼 수 있어서 제품, 사람, 정보의 흐름을 파악하기 쉽다.

해결책을 모색하는 구체적인 방법으로는 자사의 사례(실제로 고객사에 제공한 제품 및 서비스의 효과에 대한 사례)를 제시하거나, 퍼실리테이터를 위촉하여 고객사의 의견을 들어보는 워크숍을 개최하는 등이 있다. 예컨대 요즘 '업무 효율화', '생산성 향상'이라는 단어가 많이 나오는데 사측이 추구하는 것과 임직원이 추구하는 것은 서로 다르다. 기업 입장에서는 비용을 절감하면서 높은 성과를 얻고자 하지만, 임직원은 그렇지 않다. 오히려 효율을 올려서 빨리 퇴근하고 싶어 한다. 자신의 시간을 확보하고 싶은 것이다. 그런 식으로 표면적인 단어에 감춰진 면을 간파하고 사측과 임직원 측 모두에게 윈윈이 될 수 있는 해결책을 찾아야 한다. 바로 그것이 진정한 의미에서의 업무 효율화, 생산성 향상으로 이어질 것이다.

상기 과정은 초기에 진행된다. 다음 단계가 입찰로서, 고객사 자신이 문제나 과제에 대해 명확한 인식을 하고 있어야 한다. 아직 현 단계에서는 그런 부분이 흐릿한 상태이며, 이를 분명하게 적시해 준다면 고객사에서 "그렇다면 함께 일해봅시다."라고 말해 줄 가능성도 높아진다.

'협동 창조의 장'을 효과적으로 연출한다

요즘에는 초기 단계에서 고객과의 협동 창조를 목적으로 한 '장場'을 마련하는 기업이 늘고 있다. 실제로 고객을 그 자리로 초청하여 대화를 거듭하는 것이다. '협동 창조의 장'을 만들 때는 사례 영상이나 자료를 공유할 수 있도록 큰 화면을 준비하거나 벽 전체를 화이트보드로 꾸며서 어디서든 그릴 수 있게 만들거나 포스트잇을 붙이는 공간을 조성하기도 한다.

"일반적인 회의실에서는 안 되나?"라는 의문을 가질 수도 있지만, 특별한 공간이라는 연출이 일상에서 벗어난 느낌을 주며 상상력과 발상력을 자극한다. 초대받은 고객들은 자신이 특별한 대우를 받고 있다는 느낌을 받고 회사에 대한 호감을 갖게 된다. 예산이 충분한 기업이라면 그런 공간을 만들 수 있지만, 그 정도의 예산이 마련되지 않은 회사도 많다. 그래도 벽 전체를 화이트보드로 꾸미거나 책상과 의자를 일반 의자보다 한 등급 정도 위로 바꾸는 것만 해도 완연하게 달라진다. 누가 봐도 회의실이라는 느낌이 안 들도록만 신경 써도 충분하다. 폐쇄감은 상상력과 발상력을 저해하기 때문이다. 가능하다면 큰 창문이 있는 회의실을 개조하는 것을 추천한다.

또 하나, 놓치기 쉬운 매우 중요한 요소가 있다. 커피와 음료수, 다과이다. 논의가 점입가경에 이르면 당연히 뇌도 피로를 느낀다. 그럴 때면 언제든 다과를 먹을 수 있도록 하면 휴식과 더불어 당분의 보급도 되어 효과적이다.

[그림 4-8]은 일반적인 회의실을 개조한 협동 창조 공간의 상상도이니 참고하길 바란다. 코로나 사태로 인해 앞으로의 소통 방식은 많은 변화가 있을 것이다. 그동안 어렵게 여겨졌던 원격 근무 방식이 실제 업무 진행에 큰 지장이 없다는 것을 알게 되었다. 향후 협동 창조의 장은 어떤 식으로 디자인하면 될까. 새로운 커뮤니케이션 방식을 재설계를 해야 하는 국면에 이른 것은 아닐까 한다.

[그림 4-8] 협동 창조 공간 상상도

지금까지 개발의 전체 흐름과 그리고 제품 및 서비스를 출시한 후, 그리고 사내외 커뮤니케이션에 대해 설명하였다. 다양한 제품 및 서비스가 시장에 넘쳐나는 지금, 고객에 대한 관찰은 무엇보다 중요하다. 그들이 무엇을 필요로 하고 있는지, 수요를 확실히 분석할 필요가 있다. 개발 단계에서 사용자 조사를 실시하여 실제 목소리를 들어가며 시행착오를 거듭하고, 고객에게 울림이 있는 커뮤니케이션을 하는 것이 앞으로 훨씬 중요해질 것이다. 물론 사내를 움직이는 것도 필요하다. 사내, 사외를 막론하고 상대방이 '두근거리고 설레는' 제안을 해야 한다.

　　제품과 서비스 자체는 물론, 커뮤니케이션 단계에서의 전달방식 또한 중요하다. 그리고 '브랜드'라는 기업 가치를 양성하는 것은 직원 모두의 역할이라는 점을 의외로 놓치기 쉽다. 지속적인 경영을 위해서는 그 기업의 브랜드 가치를 높이는 것이 불가결하다. 앞으로의 시장 변화를 잘 관측하고 고객이 무엇을 원하는지 파악하여 새로운 가치를 창조해야 한다는 것을 늘 명심하길 바란다.

POINT 14

⇒　고객에게 회사와 제품을 어필하기 위한 가치 제안 발굴이 첫걸음.

⇒　자사와 고객이라는 발주/수주 일방통행 관계에서 벗어나, 협동 창조 관계를 통해 함께 문제 해결에 매진하고 제품을 개발한다는 시대적 조류에 발맞춘다.

맺음말

이 책을 끝까지 읽어주셔서 감사합니다. 제품 개발의 흐름에 대해 '그렇구나, 이런 관점도 있네'라거나 '그렇게 생각하면 되겠구나'라고 생각하셨다면 좋겠습니다.

현재 저는 강사 활동을 하면서 이 책에 쓴 내용을 전하고 있습니다만, 참석하신 분들을 보면 아직 디자인 씽킹과 UX 관점이 다소 부족하다는 것을 느낍니다. 저는 업무에 임할 때 가장 활용하기 좋은 기술이 디자인 씽킹과 UX라고 생각합니다.

예를 들어 상사로부터 "이걸 ○○까지 해줘"라는 지시를 받았다고 하겠습니다. "상사의 참뜻이 무엇일까…"라고 상상을 해보는 것도 좋을 것이고, "○○까지라고 했지만 좀 더 빨리 제출해서 놀라게 해야지" 하는 것도 좋습니다. "응? 벌써 다 했다고?"라면서 좋은 의미로 상대방을 배신하는 것 또한 중요합니다. 그런 식으로 고객의 기대를 좋은 의미에서 배신하여 감동과 만족이 생기는 것을 경험해 주셨으면 합니다.

앞으로 세상은 더 크게 변화할 가능성이 있습니다. 코로나바이러스의 만연은 사회의 변화에 박차를 가하고 있습니다. 미증유의 재난에 직면하고 나서 비로소 근대 문화의 취약성이 드러났다고 생각합니다. 앞으로 더욱 많은 것들이 변해갈 것입니다. 이 책을 읽어주신 여러분에게도 또한 변화가 요구될 것입니다. '지금까지는 맞았는데'란 말이 이제 통하지 않게 되었습니다. 사람들의 가치관이 크게 변화하는 가운데, 제품 및 서비스를 제공하는 측에 있는 분들도 가치관과 세계관을 바꿔야 할 필요가 있지 않을까요.

이를 위해서라도 눈을 크게 뜨고 세상을 관찰해 주시기 바랍니다. 사람들이 무엇을 원하고 어떻게 느끼는지. 그리고 그 이면에는 어떤 심리가 있는지에 대해 의식적으로 관찰하다 보면 지금까지 안 보이던 것들이 나타나기 시작할 것입니다. 아이디어란 한순간의 번득임처럼 떠오르는 것이 아닙니다. 매일 머리에 입력해야 합니다. 지금은 정보를 간단히 입수할 수 있는 시대입니다. 나이와 무관하게 '배움'은 매우 중요합니다. '왜?'라는 생각이 들면 이유를 알고 싶어집니다. '왜?'라고 생각하자마자 여러 가지로 조사해 보는 습관을 들이는 것만으로 머리에 입력되는 양은 완전히 달라집니다. 또 자신과 다른 가치관이나 사고방식을 가진 사람과 관계를 맺는 것도 배움으로 이어집니다.

그리고 무언가를 창조한다는 것은 결코 혼자서는 할 수 없습니다. 모두 함께 만들어 가는 것이 중요하며 승패에 연연하지 말고 협조해야 합니다. 따라서 팀의 구성원들과 자주 대화를 나누고 '시각화'하는 습관을 기르시길 바랍니다. 다양한 사람들로부터 지원과 자극을 받으면 새로운 '깨달음'을 얻게 됩니다. 사람과의 연결고리는 매우 소중합니다. 여러분도 만남을 귀하게 여기시길 바랍니다.

회사에서 제품·서비스의 개발에 관련된 업무를 하고 계신 분이나 앞으로 사회에 나가게 될 학생 여러분이 디자인 씽킹 및 UX가 우리 실생활과 매우 밀접하다는 것을 깨달아 주셨으면 합니다. 저는 이를 위해서 앞으로도 가급적 교육에 관여하고자 합니다. 코로나 사태로 인해 많은 어려움이 있겠지만 새로운 도전을 해나가고 싶습니다. 고민하고 방황하는 분들과 직접 만날 수 있으면 좋겠지만, 지금은 불가능한 이야기입니다. 그래서 이 책을 든 여러분에게 한 가지라도 '깨달음'을 주었다면 기쁘기 한량없습니다.

마지막으로, 이 책을 집필하면서 이 책의 출판사 스바루샤의 편집부 요시다 씨에게 많은 도움을 받았습니다. 다각적으로 조언을 해주고 전체의 흐름을 수정해 주신 덕택에 이 정도까지 완성할 수 있었습니다. 아마도 저 혼자였다면 '저것도 이것도 다 써야겠어'라는 욕심만 앞서서 이렇게까지 정리를 하지 못했을 것이라 생각합니다. 또 제 생각에 찬성하여 스바루샤의 요시다 씨를 소개해 주신 마에다 카마토시 씨에게 진심어린 감사의 말씀을 전합니다. 그리고 저를 믿고 응원해 주고 상담도 받아 준 많은 동료에게도 감사를 전하고자 합니다.

무라이 타츠오

MEMO

PM 입문
프로덕트 기획을 위한 UX적 발상법과 사내외 커뮤니케이션

초판 발행	2022년 6월 20일
펴낸곳	유엑스리뷰
발행인	현호영
지은이	무라이 타츠오
옮긴이	강모희
편 집	현다연
디자인	장은영
주 소	서울시 마포구 월드컵로 1길 14, 딜라이트스퀘어 114호
팩 스	070.8224.4322
이메일	uxreviewkorea@gmail.com

ISBN 979-11-92143-33-0

유엑스리뷰의 정통 UX 레퍼런스 브랜드 **UX ground**의 책입니다.

CHO KIHON! SHINSHOHIN IDEA NO DASHIKATA
by Tatsuo Murai

Copyright © Tatsuo Murai, 2021
All rights reserved.

The Korean edition published by arrangement with Subarusya Corporation, Tokyo,
through HonnoKizuna, Inc., Tokyo, and Eric Yang Agency, Inc.